あこがれのニューヨークを
1冊にまとめました。

CONTENTS

Cover Photo/L.Kato　加藤里紗

本書は月刊誌LightningとCLUTCH Magazineに掲載された記事を再編集し、ダイジェストでまとめています。

STYLE

ORES / MADE IN BROOKLYN /

BROOKLYN

INTRODUCTION / LET'S HANG OUT! / OUR MUST-GO ST LUXURIOUS TIME / BROOKLYN CAFÉ STYLE

New York City is one of the world's greatest cities. But because of that, land prices continue to rise. Naturally, this affects many young people. So, the ones who had dreams and things they wanted to do in life began to gather in Brooklyn, located just east of Manhattan. The area quickly became safer in terms of crime, and today has become a popular borough for both living and spending time in. The fusion of fashion, culture, food, and manufacturing methods has created a new Brooklyn-based style. However, just like with Manhattan, the land prices in Brooklyn have been skyrocketing in recent years. If you want to look at it as a positive, however, it also means that at this moment, Brooklyn is one of the most exciting and buzzing areas in the world. So, we knew that we couldn't miss out on the fun.

いま訪れなければいけない街、ブルックリン。

ニューヨークのマンハッタンは世界一の大都会。だがそれにともなって、地価は高くなるばかりだ。
若者は当然、困る。夢ややりたいことがある者は、マンハッタンの東、ブルックリンに集まった。
治安の悪さは一気に改善され、いまや暮らすにも遊ぶにも人気の街。
ファッション、カルチャー、食事、モノ作り、新しい感性を持った人たちがブルックリンスタイルを作った。
だがマンハッタンの時と同様、今ブルックリンの地価がどこも急激に高騰しているという。
しかし裏返せばそれは、この瞬間のブルックリンが一番ヒートアップしていて面白い、ということ。
そんなブルックリンを、訪れずにはいられない。

Photo by Lisa Kato 加藤里紗　Text by CLUTCH Magazine 編集部

Location_

BROOKLYN BRIDGE

マンハッタン島から地下鉄、クルマ、フェリーなどあらゆる手段でブルックリンに移動できる。ブルックリンはいくつかのエリアに分かれており、ショップやレストランなどが並び、最も栄えているのがウィリアムズバーグ。ブシュウィック近辺も最近盛り上がっている。地下鉄がくまなく通っているので1日で色々なところに行ける

Location_

EAST RIVER STATE PARK

Location_

WILLIAMSBURG

TOBY'S
COFFEE ROASTERS

61
BOWL
JOHN BROWN'S BODY
SATURDAY APR 23
BROOKLYN BOWL
HOURS OF OPERATION
MON - WED 6PM - 2AM
THU - FRI 6PM - 2AM
BROOKLYN BREWERY
PUBLIC HOU
MON – THU: 5PM
BY RESERVATION ONLY
FRI: 6PM – 11PM
SAT: NOON – 8P
SUN: NOON – 6P

LET'S HANG OUT!

MY RECOMMENDED SPOTS IN BROOKLYN

Regardless of whether it's their first time, or if they've been there before, tourists tend to always want to find out whether that location has been recommended by the local residents. We asked two Clutch Men from the Brooklyn area to guide us around to their favorite spots.

初めてでも、すでに何度か行ったことがあっても、ローカルお墨付きの場所を知りたいのがツーリストの気持ち。ここに暮らすクラッチマンふたりに、お気に入りの場所を案内してもらった。

Photo by Lisa Kato 加藤里紗　Text by CLUTCH Magazine 編集部

profile

ヴィンテージのワークウエアやミリタリーウエアをモチーフにしたブランドKnickerbocker Mfg. Co.のオーナー兼デザイナー。20代にしてファッションセンス、ビジネスセンスともに秀でた人物。http://knickerbockermfg.co

{↓} guide

Andrew Livingston

job_ **Knickerbocker Mfg. Co. Designer**

ブルックリンのリッジウッドにある旧い工場を買い取り、仲間とともに良質な洋服作りに勤しむアンドリュー。ブランドオーナーだけあって多忙な毎日を送るが、食事やショッピングなどインスピレーションを得る時間も大切にしている。彼の行きつけのショップはどこもセンスの良いセレクトばかり。

{↓} guide

Andrew Livingston

QUALITY MENDING CO.

**ニューヨークでトップクラスのヴィンテージショップ。
マンハッタンのノリータに続きブルックリンにも昨年進出。
ミリタリー、ワーク、スポーツと幅広いジャンルの逸品がそろう。**

705 Driggs Ave Brooklyn,
NY 11211
Tel.212-334-5339
12PM-8PM (Tue-Sat)
Closed Monday
(Hours may vary)
http://www.workclothingsport.com

ラインナップは7割メンズ、2割レディス、1割キッズ。洋服のほか旧いエプロンや生地、インテリア小物なども。晴れた日は大きな窓から光がさんさんと降り注ぐ

Knickerbocker Mfg. Co.の洋服作りにヴィンテージの研究は欠かせない。アンドリュー自身はミリタリーや'50年代のロカビリー系のアイテムが好み。状態抜群のボウリングチームのカーディガンが気になりさっそく試着

{↓} guide

Andrew Livingston

Montana's TRAIL HOUSE

リッジウッドの工場から徒歩圏内のレストラン&バー。月曜日はハンバーガーとビールのセットがお得で、仕事終わりに職場のメンバーと一緒にディナーに訪れる。

445 Troutman Brooklyn, NY 11237
Tel.917-966-1666　3PM-4AM (Mon-Fri)
11AM-4AM (Sat)　11AM-12AM (Sun)
http://www.montanastrailhouse.com

クラシックなアメリカンフードが楽しめると評判のレストラン。写真は上下ともにブランチメニューのハンバーガー（$8）とベイクドエッグプレート（$11）。ジューシーで旨味たっぷりの肉と卵が美味。良心的な価格もうれしい

インテリアはヴィンテージテイストのカントリー調でまとめられており、１日中雰囲気抜群だ。若者にも家族連れにも人気のレストランで、特に週末のランチタイムは行列覚悟。外にはウッドデッキがあり、天気がいい日は外でドリンクが飲める

{↓} guide

Andrew Livingston

RePOP

ウィリアムズバーグのヴィンテージファニチャーショップ。
特にミッドセンチュリーデザインの家具に強い。
現代アーティストの作品展示を行うなどアートへの造詣も深い。

143 Roebling St Brooklyn,
NY 11211
Tel.718-260-8032
11AM-7PM (Mon-Sun)
http://repopny.com

店内のデザインはアメリカ中西部のジャンクショップと、パリの雑然とした旧いブティックの融合をイメージしている。センス良く整理整頓されて商品が並んでおり、ゆっくりと選ぶことができる

アンドリューの目に留まったのは大型のブリキ製看板。旧いビューティサロンの看板で、年月を経て絶妙に退色したブルーが美しい。女性のイラストやフォントデザインも魅力的

自宅や工場に併設しているショールームに合うインテリアを探しに、仕事の合間や休日を利用して訪れるアンドリュー。ヴィンテージだけでなくアート作品にも興味津々

「ブルックリンは荒削りなところがあるけど、
若くていつでも活気があるよ」

{↓} guide

Andrew Livingston

HOTEL DELMANO

**ウィリアムズバーグにあるクラシックなバー。
豊富なオリジナルカクテルや約100種のワインリストが自慢。
新鮮なシーフードやチーズと一緒に贅沢な時間を過ごしたい。**

82 Berry St Brooklyn, NY 11211
Tel.718-387-1945
5PM-2AM (Mon-Thu)
5PM-3AM (Fri)　2PM-3AM (Sat)
2PM-2AM (Sun)
http://www.hoteldelmano.com

リフレッシュには友人とアルコールを楽しむのが一番。今日は取材陣にブランドのビジネス計画や将来像を語ってくれた。ウイスキーのチェイサーとしてビールを飲むアンドリュー。なかなかの強者だ

建物自体が非常に旧く、クラシックで上品なムードのHOTEL DELMANO。ブルックリンのなかでも特に評判を集めるバーだ。ずらりと並んだリキュールやウイスキーもインテリアの一部。カウンターのほか、奥にはテーブル席もある

profile

世界的なファッションブランドに勤めたのち「オリジナルハーレムスリム」の名でブルーズ＆ゴスペルミュージシャンとして活動開始。
http://www.titodelerblues.com

{↓} guide

Tito Deler

job_ **Musician/The ORIGINAL Harlem Slim**

マンハッタン北部のハーレムエリアで様々なカルチャーに囲まれて生まれ育ったティト。最近ブルックリンに引っ越してきたばかりで、時間を見つけては街散策に出かけている。ギターやレコードなど音楽関連のショップはもちろん、ヴィンテージショップもチェックリストのひとつ。

グリーンショップとコーヒースタンドが融合した話題のカフェ、HOMECOMINGに集合。寒暖差が激しい4月のニューヨーク。温かいカフェラテを飲みながら今日のルートの打ち合わせをする

{↓} guide

Tito Deler

HOMECOMING

ブルックリン北部のグリーンポイントにあるカフェ。店内には数多くの観葉植物や花が並び、コーヒーとともにグリーンも買える新鮮なコンセプトが魅力。

107 Franklin St, Brooklyn, NY 11222
Tel.347-457-5385
8AM-7PM (Mon-Fri)
9AM-7PM (Sat, Sun)
http://www.home-coming.com

MISTER FREEDOMのジャケットとパンツに、Borsalinoのハットを被り、足元はDRIES VAN NOTENのシューズと、ジェントルなスタイルで登場したティト。ファッションへのこだわりが感じられる

{↓} guide

Tito Deler

PENTATONIC GUITARS

**新旧のギター、ベース、アンプ類、パーツが
所狭しと並ぶ隠れ家的ショップ。
高い技術を持つ楽器専門家による修理も受け付けている。**

139 Franklin St,
Greenpoint, Brooklyn, NY 11222
Tel.347-599-2576
11AM-7:30PM
http://pentatonicmusic.wordpress.com

「ずっと気になっていたショップだったんだ」と念願の初来店。期待を裏切らないラインナップに驚きつつ、早速お目当てのギターを発見。1930年代のアコースティックギターだ

小さなエントランスからは想像できないほど、店内には楽器と周辺機器、パーツであふれている。こうして思わぬ優良店に出会えるのがブルックリン。ギター、ベースだけでなくウクレレやマンドリンなど様々な弦楽器を扱っており、音楽好きならば大興奮のショップ

シャツやジレ、ハットなどクラシックジェントルなスタイルが好みのティト。ワードローブの7割はヴィンテージだそうだ。ここで気になったのは'50年代初期のハンティングジャケット。ラペル付きながら袖口はリブになっており、ハンティング用らしく礼儀と実用性を兼ね備えている

{↓} guide

Tito Deler

RAGGEDY THREADS

元々はロサンジェルスの有名店で、ブルックリンの店舗は今年3月にオープンしたばかり。旧いベーカリーの看板が目印。

602 Grand St,
Brooklyn, NY 11211
Tel.718-387-2390
http://www.raggedythreads.com

希少なアイテムをじっくり吟味。「ヴィンテージTシャツはグラフィックがおもしろいよね。デザイナーという観点から見ても、ここは重要なショップだと思う」

ワークジャケットやレザージャケット、オーバーオールやデニムなど、ヘヴィなヴィンテージアイテムが豊富。レディスもあり

SOMETHING NEW
IMMENSE
PATENT RIVETED

{↓} guide

Tito Deler

ACADEMY RECORDS ANNEX

マンハッタンに本店を構える中古レコードショップの別館。店内には貴重なヴィンテージ盤も並んでおり、ブルックリンのレコード好きが足繁く通う有名店。

85 Oak St, Brooklyn, NY 11222
Tel.718-218-8200
http://www.academy-lps.com

「サン・ハウスやビリー・ホリディなど、アメリカの伝説的なシンガーをよく聴く。音質が好みなので断然レコード派だね。この店はブルース、ゴスペル、ソウルの品ぞろえがいいんだ」

アネックスといえど面積は広く、ロック、ポップス、ジャズ、ブルーズ、レゲエなどあらゆるジャンルのレコードがずらりと並んでいる。DJやレコードコレクター御用達の店としても知られる人気のショップだ

伝統的なイタリアンスタイルのピスタチオ＆チョコレートクッキー（$3）とレインボークッキー（$3）。見た目によらず甘すぎない

{↓} guide

Tito Deler

ARCHESTRATUS

クッキング系の書籍を専門に扱う書店で、店内の奥にはカフェを併設している。オーナー手作りのクッキーが名物。

160 Huron St, Greenpoint, Brooklyn, NY 11222
Tel.718-349-7711
9AM-10PM (Tue-Sat)
11AM-5PM (Sun)
Closed Monday
http://www.archestrat.us

クッキング本を探すためにふらりと立ち寄った時にここのイタリアンクッキーに出会い、あまりの美味しさに感動。以来週に3、4回は通っているという。スタッフにもそのことを改めて伝える

「ここは年配の人も若い人も共に生きている街。
色々な考え方やセンスが溢れていて刺激的」

IN BROOKLYN
MUST-GO STORES

We listed up some of the top shops that are currently leading Brooklyn's fashion scene.
Check these stores out for the latest in Brooklyn styles.

必ず訪れたい定番ショップリスト。

ブルックリンのファッションシーンをけん引する
代表的なショップをリストアップ。
ここに行けば最先端かつリアルなブルックリンスタイルを知ることができる。

Photo by Lisa Kato 加藤里紗　Text by CLUTCH Magazine 編集部

STORE 01

85 N 3rd St, Brooklyn, NY 11249
Tel.718-384-3619
11AM-7PM (Mon-Sun)
http://www.ralphlauren.com

RRL

2015年秋、ついにRRLがブルックリンにも上陸。ヴィンテージの什器を用いた完成度の高い内装は健在で、アイテムはシーズンコレクションからブルックリンのテイストに合ったものを厳選。隣には世界トップクラスといえるクラシックスタイルのバーバー、LUDLOW BLUNTがあるなど、周囲のショップとともに街のスタイルを形成する役割を担う。

OUR

DOUBLE RL CO.
REGISTERED QUALITY SHOES TRADEMARK
NAME
SIZE
MATERIAL
COLOR
NUMBER
MAYPORT-SK-VLC
10 D
HERRING-BONE TWILL
OLIVE
DURABLE 'VULCANIZED' OUTSOLES
BUILT WELL · FIT WELL

建物は110年前のもので、経年した大きな柱にその歴史を感じる。靴の試着はこのヴィンテージソファに座ってどうぞ

RRLが常に得意とするミリタリーコレクション。ヴィンテージのA-2をまじえながら、本格的な世界観を表現している

今シーズンの注目は、20世紀前半の海軍のモチーフやスタイルを、濃淡様々なインディゴを用いて表現したコレクション

右／フィッティングルームもこだわるのがRRL流。カーテンはヴィンテージのミリタリー用キャンバス生地を使用　左／旧いブルックリンブリッジの写真を背景に、タフで上品なワークブーツが並ぶ

N 3rdストリート近辺には、ウィリアムズバーグのなかでも特に有名店が集まる。ぜひ初めにここを訪れたい

巧みなインディゴ染めやクラシックなパターンを用いたストールは、年間を通して人気アイテム。装いを華やかにしてくれる

アイデアとクラフトマンシップが詰まったRRLの小物類。フライトジャケットに使われるナイロン製のウォレットがイチ押し

洋服のイメージに合わせて、学校のロッカールームのようにウエアをディスプレイ。カラー別にされているのも美しい。中央のデスクには注目アイテムを並べる

STORE 02

150 Nevins St, Brooklyn, NY 11217
Tel.718-858-0919
12PM-7PM (Tue-Sun) Closed Monday
http://thebkcircus.com

THE BROOKLYN CIRCUS

ウィジー・セオドアがディレクションを務めるブランドTHE BROOKLYN CIRCUSの旗艦店。ヴァーシティジャケットをはじめカレッジテイストのウエアを基本とし、ミリタリーやスポーツなどウィジーが好む旧きよき時代のアメリカンスタイルを提案している。彼はブルックリンのファッションアイコンであり、ブランドもいまや世界に知られる存在。

春のTHE BROOKLYN CIRCUSはシャツが豊富。右から厚手のシャンブレーシャツ、オックスフォードシャツ、細かなウィンドーペンの半袖シャツ

イタリアのブランドSentierとのコラボレーショントレッキングブーツ。イタリアでハンドメイドで作られており、オーセンティックで堅牢な佇まい

昨年に店内を改装し、写真家によるギャラリースペースを新たに設けた。取材時の展示は
Aeric Meredith-goujonという写真家の作品。"メンズウエアを着た女性たち" がテーマ

CLUTCH Magazine Vol.43のカバーを飾ったマックス・ボグリアによるハンドメイドナイフ。芸術的な美しさとクラフトマンシップにあふれており、置くだけで存在感がある

ウィリアムズバーグから南に離れたエリアに位置する。周囲には住宅も多く落ち着いており、ブルックリンのローカルな雰囲気を味わえる

オリジナルアイテムだけでなく国内外のブランドもセレクト。こちらは日本の実力派ハットブランドH.W.DOG & Co.のハット。ニューヨークのファッショントレードショーで出会い意気投合

STORE
03

155 Grand St, Brooklyn, NY 11249
Tel.718-302-4420
http://www.feltraiger.com

FELTRAIGER

FELTRAIGERは、モーターサイクルやスケートなどアメリカのユースカルチャーとともに育ったダニエルとジョンの兄弟による新進気鋭のブルックリンブランド。2010年のスタートから徐々に知名度を上げ、2014年にブルックリンに旗艦店をオープンした。ストーリー性のあるシーズンテーマを設け、すべてアメリカ製にこだわったコレクションを展開する。

シャツやキャップなど夏が待ち遠しくなるライトなアイテムをどんどん入荷中。どれも日本人でも着やすいサイジングが特徴。アクセサリーなど小物類も充実しているのでじっくり見て回りたい。奥にはバーバーを併設しており、ショッピングのついでにグルーミングやヘアカットまでできてしまう

パームスプリングスやカリフォルニアに広がる砂漠地帯をイメージした2016年春夏シーズンのコレクション。特におススメのアイテムとスタイリングがこの3体。右はヘビーオンスのキャンバスを使用したジャケットで、襟を立てて羽織るとクール。中央はヴィンテージテイストのブランケットを部分使いし、ワークとモーターサイクルを融合させたベスト。ハットを合わせてジェントルに。左は小さなパームツリーを全面に描いた陽気なオープンカラーシャツ。この形特有の不良な印象をコットン素材で和らげる

FELTRAIGERのコレクションで毎シーズン楽しみなアイテムがキャップ。素材、カラー、デザインが豊富で値段も手ごろ。どこかオールドスクールなテイストが今シーズンのテーマにもマッチしている。他にもまだまだバリエーション有り

右／オーナーのジョンは、気さくで丁寧な仕事ぶりに厚い信頼を集める人物。着こなしもこなれている　左／ウィリアムズバーグの一等地に構えるショップ。大きなブランドロゴとバーバーサインが目印

アウトドアマンのオーナーが太鼓判を押すアイテムだけをセレクト。野暮ったくならないよう、ウッドやアイアン製の什器を用い内装にもこだわっている。エントランスの近くに、よりファッション性の高いアイテムが多く集まっている。キャンドルやアロマなども充実しているので、男女で楽しめる点も魅力

STORE 04

77 Atlantic Ave.Brooklyn, NY 11201
Tel.347-763-1963 11AM-8PM（Mon-Sun）
http://www.hatchetsupply.com

HATCHET OUTDOOR SUPPLY Co.

右／充電器や救急セットなどお役立ちギアが壁一面に　中／RED WING、White's Boots、Dannerといったアメリカンワークブーツのほか、Aldenもある　左／TOPO DESIGNを中心にバリエーション豊富なバックパック

ブルックリン西部のブルックリンハイツエリアにあるアウトドアショップ。フィールドと街の両方を視野に入れたラインナップで、高機能素材もあれば、昔ながらのヘリテージなアイテムもある。都会派アウトドアマンが多いニューヨークにピッタリなコンセプト。シュラフとAldenのシューズが一緒においてある店は、そうそう見当たらない！

おススメのアウトドアギア4点をピックアップ。右は水に挿すと浄水できるライト。左上は日本のアウトドアブランドand wander（右）とカナダのARC'TERYX（左）の超軽量シェル。左下はノルウェー生まれの老舗ナイフブランドHELLEのナイフ

東西に伸びる大通り「アトランティックアベニュー」沿いに位置する。マンハッタンとブルックリンの間に流れる河、イーストリバーまでも歩いて行ける

STORE 05

263 South 1st St, Brooklyn, NY 11211
12PM-7PM（Tue-Sun）Closed Monday
http://shop.thehill-side.com

The Hill-Side Store

日本でも人気のThe Hill-Sideが展開するセレクトショップHickoree'sが、昨年秋に「The Hill-Side Store」として移転オープン。オリジナルアイテムを豊富にそろえており、ブランドの顔であるタイやチーフはもちろん、トータルウエアがここに集まる。「ゆっくり過ごす夏の日」をテーマにした今季のコレクションをいち早くチェックできるのだ。

ホワイトとブルー、ウッドを基調にしたクリーンでカジュアルな店内。洋服にスニーカーにタイに、欲しいものが必ず見つかるラインナップ！

コーチジャケットにインディゴタイダイ染めTシャツの組み合わせが今季のおススメ。ブルーの美しさを存分に楽しめる

日本製のウエアが多いThe Hill-Sideらしく、ドアにはインディゴ染めの暖簾をかけている。ブルックリンで見ると新鮮

敏腕オーナーのエミール。オリーブとインディゴの上品なコーディネイトが見事。タイダイ染めTシャツは彼も愛用

The Hill-Sideはタイやチーフからスタートしたブランド。また日本のモノ作りに強い関心を抱いており、写真奥に映っているEndo Taroとコラボレーションした益子焼テーブルウエアも大人気のアイテム。日本とアメリカのセンスがクロスする

規模は小さくても、信念のあるモノ作り。

MADE IN BROOKLYN

The area of Brooklyn is both stimulating and possesses a sense of freedom.
The products made by creators based in Brooklyn combine
high quality craftsmanship and completely original ideas.

**刺激的で、自由な空気が流れるブルックリン。
ここを拠点とするクリエイターから生み出されるプロダクツは
今までありそうでなかったアイデアと丁寧なクラフトマンシップにあふれている。**

Photo by Lisa Kato 加藤里紗　Text by CLUTCH Magazine 編集部

ヴィンテージの星条旗を張ったレイチェルのスタジオ。女性オーナーとは思えないほどシンプルでヴィンテージライクな雰囲気である

バックパックとショルダーバッグの2WAYで使えるレザーバッグ。オイルドラティゴレザーとホースサドル用の金具を使用。直線的なデザインがモダン

DOOMED NYCのオーナー、レイチェルはスレンダーでパンキッシュな美女。プロダクツのデザインから縫製まで、彼女がすべて手掛けている

DOOMED NYCはブルックリン発のオーセンティックなレザーポーチやバッグのブランドで、作り手が女性だとは思えないほどクラシックで武骨。
「男の子たちとツーリングに出かけたり、砂漠で開催されるパーティにバイクで遊びに行ったりするときに、便利でタフなバッグが欲しいと思って始めました」
とオーナーのレイチェル。ブランド名のDOOMEDという単語は「絶望的」や「不運な」といったネガティブイメージの言葉である。なぜブランド名に？
「逆境の時こそ"何よ！"ってハングリー精神を持っていたいから。バッグ作りも性別や典型的なイメージを気にすることなく、自信を持って作っていきたいんです」

タフガールが作る本格レザープロダクツ。

DOOMED NYC

http://adventures.doomednyc.com

大学生の頃からレザークラフトを学んでいたレイチェル。フレンチヴィンテージのワークコートを着て作業する。ひとりで製作しているので、効率を上げてくれる理想的なミシンに出会ったときは嬉しかったが、一部の工程はいまも手作業。道具も整理整頓されている

キャンバスとレザーを使ったポーチ。中には多くのポケットがある。「道具をたくさん使う人にはもちろん、女性にはメイクアップポーチとしてもおすすめ」

一番難しいのは、レザーの縫い代を削る作業。この部分にズレが生じると仕上がりにも影響する。何度も練習して感覚を身に着けた

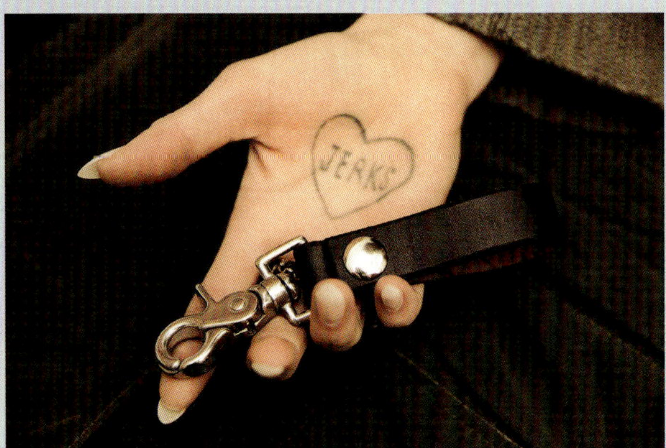

最近はバッグやポーチに並び、アクセサリー類にも注力している。こちらはベルトやバッグに付けたい大ぶりなキーホルダー。シンプルなのでユニセックスに使える

普段はクラッチバッグとして、ツーリングの際はバイクのハンドルバーにも付けられる。レザー×スタッズのソリッドなデザインで、素材の強さを感じるプロダクツ

こんなバンダナを求めていた!

apprvl

http://www.apprvlnyc.com

姉妹が手掛けるインディゴ染めバンダナブランドapprvl。オールドタトゥにインスパイアされたデザインと、1枚1枚手で染めるインディゴブルーのコンビネーションがとても美しいバンダナである。ヴィンテージには無いデザインと、大量生産の現行品にも無いクラフト感。久しぶりのひと目惚れだった。

「ずっと染色の仕事をしていましたが、化学染料だったので体調を崩してしまい……。それでも染色は続けたかったので、apprvlではすべて天然染料を使っています。今はバンダナのみですが、ハウスグッズや刺し子を使ったデニムリペアにも、今後チャレンジしたいです」と姉のミーガンは話す。

apprvlを始めるにあたって、ミーガンは最初に日本の"しぼり"について調べた。そのためスタジオには、しぼり染めの大きなバナーやボロを飾っている。参考のためにアフリカや南米のインディゴファブリックも収集

右が妹のジェン。バンダナのグラフィックデザインを担当している。左が姉のミーガン。染めの工程とブランドのマネジメントを担当している

右は旧くから伝わる幸運を表すチャームを描き、左は月の満ち欠けによる神秘的な時間の概念を表現。インディゴの風合いやコットン素材に合うように、柔らかなラインを心がけている

1枚ずつ手で染めていくので、1週間に最大100枚が限界の生産量。だが好きなことなので続けられる。ブルーに染まったミーガンの指先が、ハンドメイドの証である

インディゴに漬けたあと、空気に触れさせることで段々とブルーに変化していく。溶き合わせる水の量でインディゴの濃淡を調節する

シルクスクリーンで柄をプリントした布を染めていく。柄はインディゴにうっすら染まるものと、特殊な加工によって白がくっきり残る2種類がある

LUXURIOUS TIME
at Urban Cowboy B&B

Urban Cowboy is Brooklyn's coolest B&B. When you open the doors to Urban Cowboy, you're greeted with a cool space that looks unlike any other B&B you've ever seen. It's a shock that such a great location can be found smack in the middle of a residential area. It just proves why Brooklyn is such an amazing place.

**ブルックリンでいま一番クールなB&B、Urban Cowboy。
扉を開けると、B&Bとは思えないほどのこだわりが詰まった空間が広がる。
こんな素敵な場所が住宅街のど真ん中にあったなんて。**

Photo by Lisa Kato 加藤里紗　Text by CLUTCH Magazine 編集部
Urban Cowboy B&B　http://www.urbancowboybnb.com

B&Bのイメージを覆す ラグジュアリーで温かな空間。

B&Bとは「ベッド&ブレックファスト」のことで、簡易的で低価格な宿泊施設のことを指す。ブルックリンでは今、数あるホテルを差し置き、このUrban Cowboy B&Bが話題騒然だ。なんと予約で半年先まで満室。ウィリアムズバーグ近辺の閑静な住宅街にあり、アパートが並ぶ通りにさりげなく〝紛れ込んで〟いる。ゲストルー

都会に突如現れる、優雅なカントリースタイルのB&B。

暖炉の前は、ペンドルトンのブランケットを掛けたチェア、そしてヴィンテージのデスクと完璧なコーディネイトがされている。本を読んだり食事をしたり、思い思いの時間をゆったりと過ごせそうだ

ホワイトを基調にした清潔感あふれるキッチンスペース。大型冷蔵庫があるので食材は保存できる。備え付けのコーヒーミルやエスプレッソメーカー、ケトルのセンスも抜群。自宅もこんなキッチンだったら……

宿泊者が共同で使うリビングルーム。もちろんWi-Fi完備だ。レンガや木材、ラグの暖色が目に優しい。ハウスキーピングも行き届いており清潔

DATA
111 Powers St,
Brooklyn, NY, 11211
Tel.347-840-0525

ムが4室、リビング&キッチンとバスルームが共用と、システムは一般的なB&Bと変わらないが、いざ中に入れば、予約が殺到する理由も納得だ。

デザインを担当したライオン・ポーター氏は、アイスホッケー選手を引退後に不動産業界に勤め、数々の功績を残してきた人物。マネジメントだけでなく、自らインテリアデザインも手がける。

「リラックスできる旧きよきアメリカの風景を都会の中に作りたくて、Urban Cowboyを始めました。若くて活気がある街ブルックリンには、ホテルよりもB&Bが合っています。名前にも使用したカウボーイは、自由の象徴ですからね。ただ、通常のB&Bよりも、ラグジュアリーで快適、そして宿泊者同士でコミュニケーションが取れる場所を目指しています」

ヴィンテージの什器やイメージに合うインテリアを集め、徹底的に空間づくりにこだわった。もちろんリラックスできることを念頭に置いて。観光で疲れても、ここに帰ると思うと旅行がさらに楽しくなる。それに、学生時代に皆でロッジに泊まった時のような懐かしい感覚を味わえるのだ。

こちらがゲストルームの一例。(一泊$150～) 個室なのでぐっすり眠れそうだ。キングサイズベッド1台とクロゼットのみのシンプルな作りだが、日中は外に出かけることを考えればこれで十分

ベッドサイドにはセンスの良いグリーンとライトをさり気なく置いている。この程度のインテリアが寝室には最適

ぼんやり温かな明かりが灯るバスルーム。壁紙にはUrban Cowboyのコンセプトにピッタリなバッファロースカルの絵柄が描かれている

VIP ROOM

CABIN

4室のゲストルームの他、バックヤードには
CABINと称した特別ルームも設けている。こちらは1泊$500〜。
カントリーサイドの旧いロッジにいるかのよう。
高級ホテルでは味わえない、思い出深い旅になりそうだ。

Photo by Ben Fitchett

室内は2人で十分くつろげる広さ。ホーンを用いたシャンデリアにネイティブブランケットと、家具のセレクトがひとつひとつ素晴らしい。チェックアウトが惜しくなるはず

キャビンは雰囲気のあるバスタブ付きのシャワールームを備えている。日本人としては「どこで体を洗えば？」と疑問がわくが、その点はせっかくなので欧米スタイルに合わせよう

BROOKLYN CAFÉ STYLE

いつだって洒落ているブルックリンのカフェ。

Thanks to the global adoption of the third wave of coffee movement, the number of cafes that are extremely particular about their beans, brewing methods, and interior design, has begun to increase. One of the leading areas of this movement was Brooklyn. Here we will introduce 10 of our favorite cafes in the city of creators.

サードウェーブコーヒーの世界的な浸透によって、
豆や淹れ方、そしてインテリアデザインにもこだわりをもつカフェが増えた。
その流れをけん引したのは、ブルックリンのカフェ。
クリエイターが集まる街ならではの、バリエーションとセンスに富んだカフェ10選を紹介。

Photo by Lisa Kato 加藤里紗　Text by CLUTCH Magazine 編集部

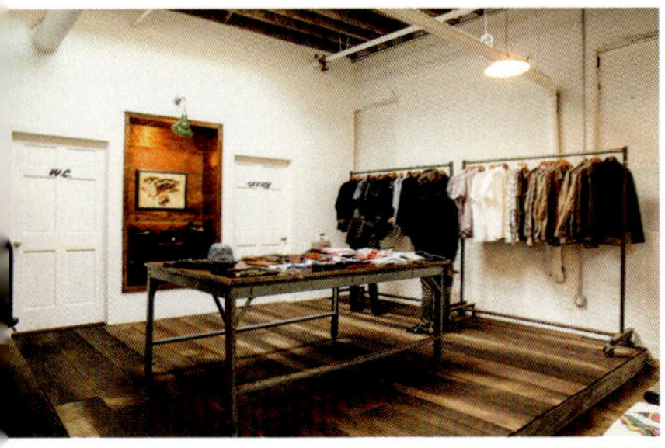

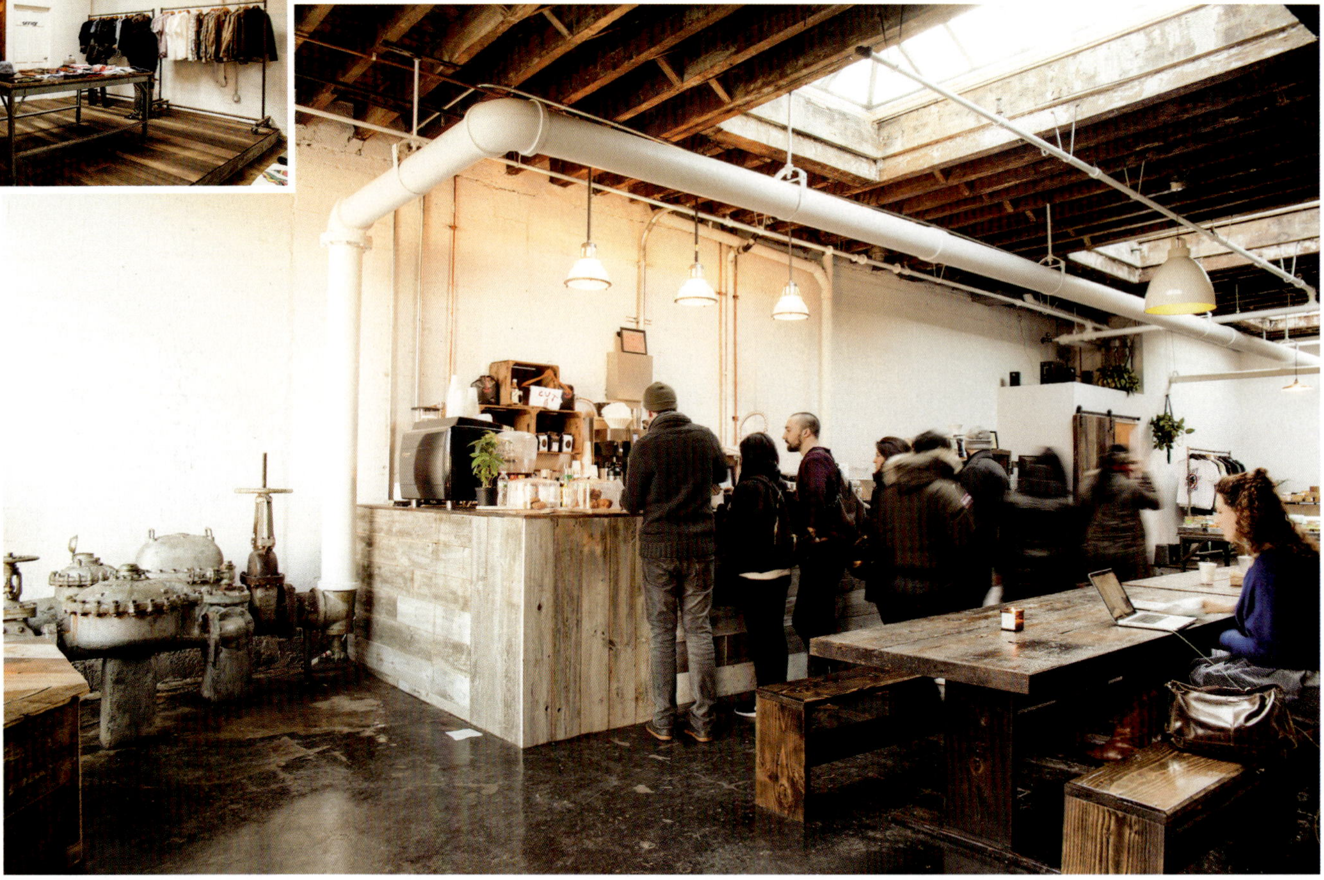

BROOKLYN CAFÉ STYLE

UPSTATE STOCK

no. 1/10

人気アパレルブランドUPSTATE STOCKが展開するカフェ。まだオープン間もないが、多くの客でにぎわう。ウッドとアイアン、コンクリートを基本にしたインダストリアルな内装はシンプルだが重厚感がある。白を多用していることで清潔感も演出している点がポイント。カフェスペースの奥にはオリジナルのウエアのほか、親しいブランドのウエアや小物を販売している。

2 Berry St. Brooklyn, NY 11249
8AM-6PM
http://www.upstatestock.com

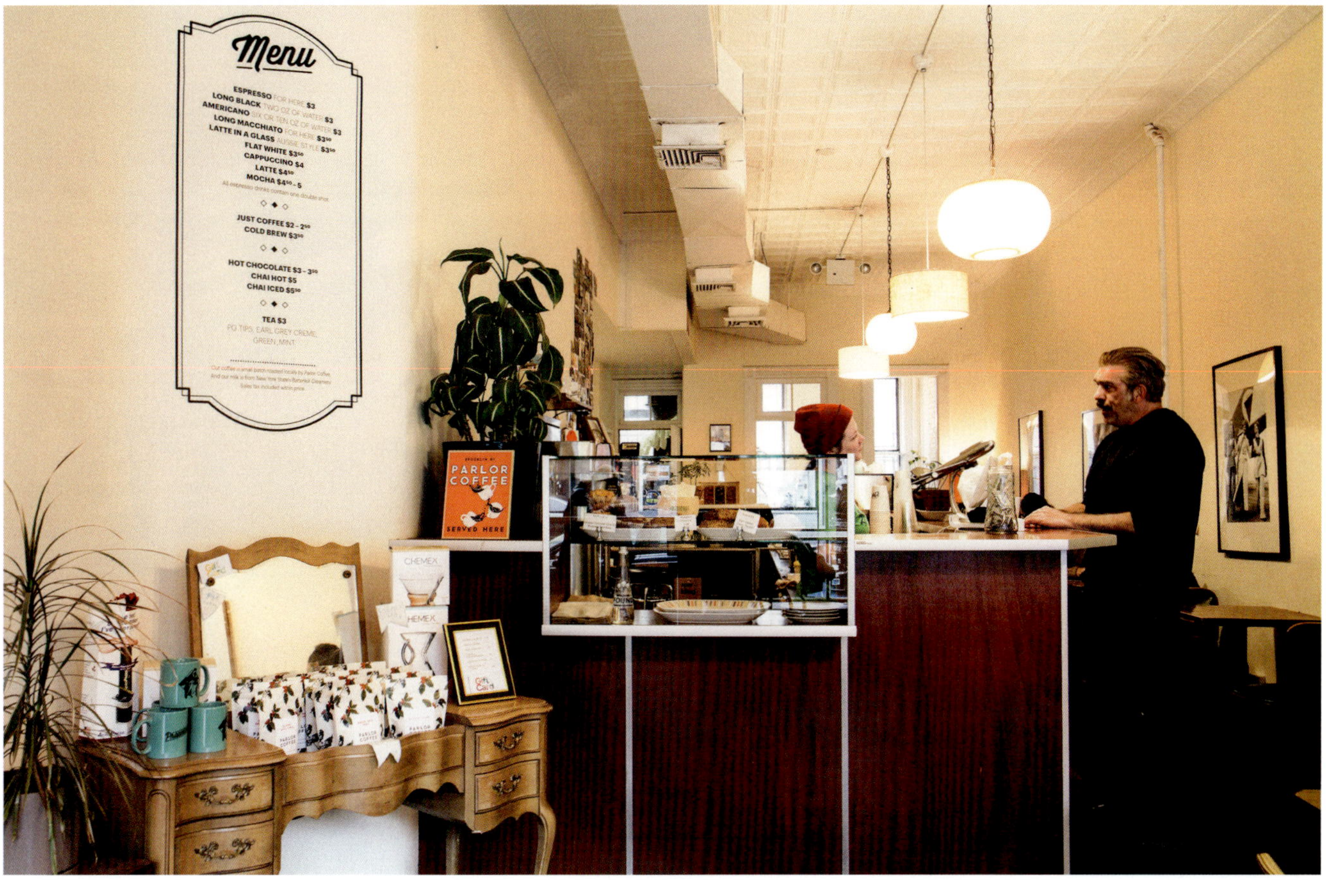

BROOKLYN CAFÉ STYLE

PROPELLER

no. 2/10

グリーンポイントに位置する長年の人気店。出勤時間前はとても混み合う。どこかレトロな印象の店構えで、店内も温かみのあるデザインだ。目に留まるのは、思い切って壁に直接書かれたメニューボード。クラシックなフォントでわかりやすいうえにアクセントになっている。こうしたさり気ないセンスとアイデアに出会えるのがブルックリンのカフェ。

984 Manhattan Ave, Brooklyn, NY 11222
Tel.347-689-4777
7AM-4PM (Mon-Fri)　8AM-5PM (Sat,Sun)

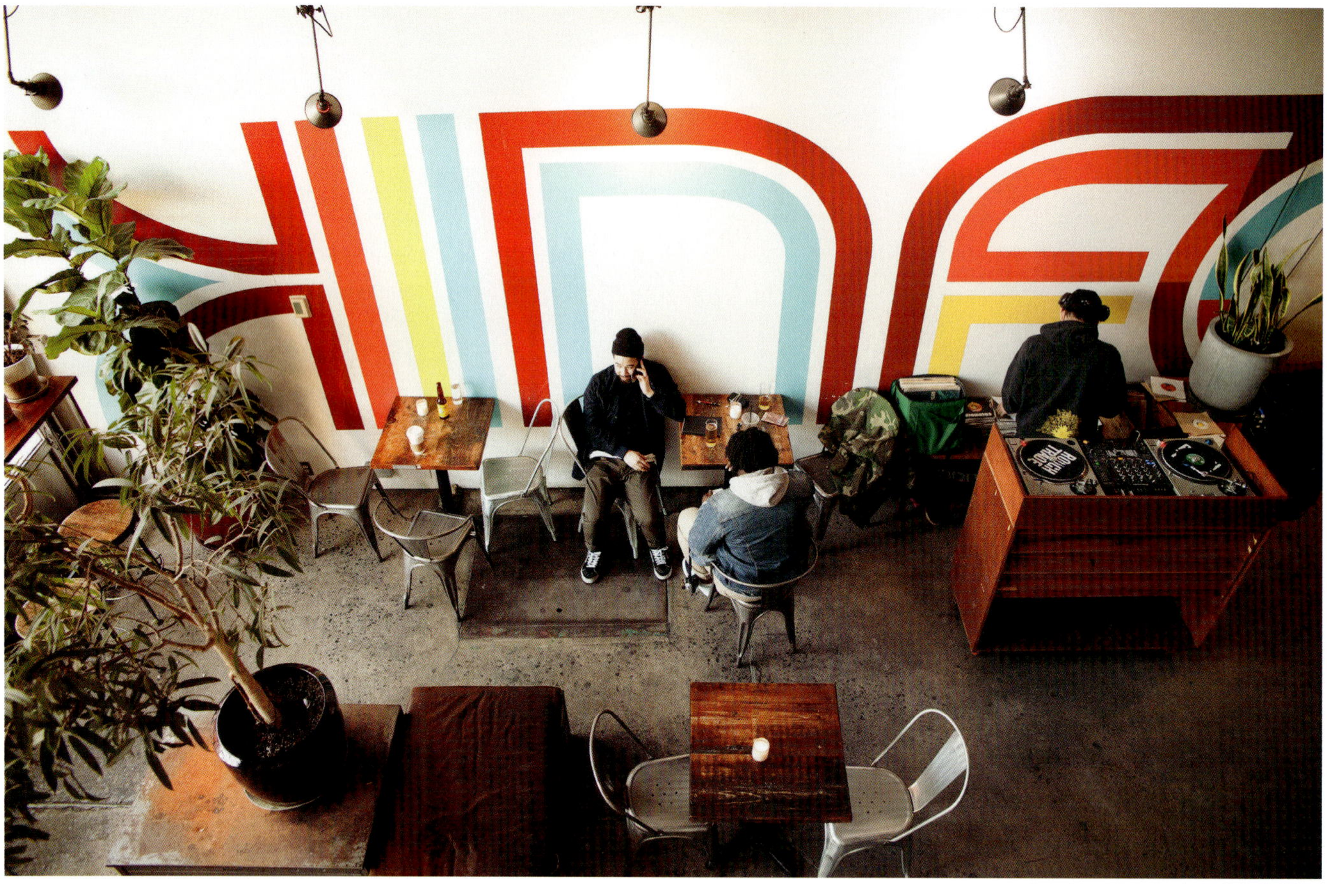

BROOKLYN CAFÉ STYLE

KINFOLK

no. 3/10

アパレルブランドKINFORKのショップに隣接するカフェ＆バー。1階がカフェで2階はスタジオになっている。吹き抜けのためとても開放的な空間が広がる。採光量の多い大きな窓もポイント。イスに座ると背の高いグリーンが目に入り、まさにリフレッシュにふさわしい空間である。また、広い壁を活かした大胆なドローイングが店内をポップで華やかに演出。

90 Wythe Ave. Brooklyn, NY 11249
Tel.347-799-2946　8:30AM-Late
http://kinfolklife.com

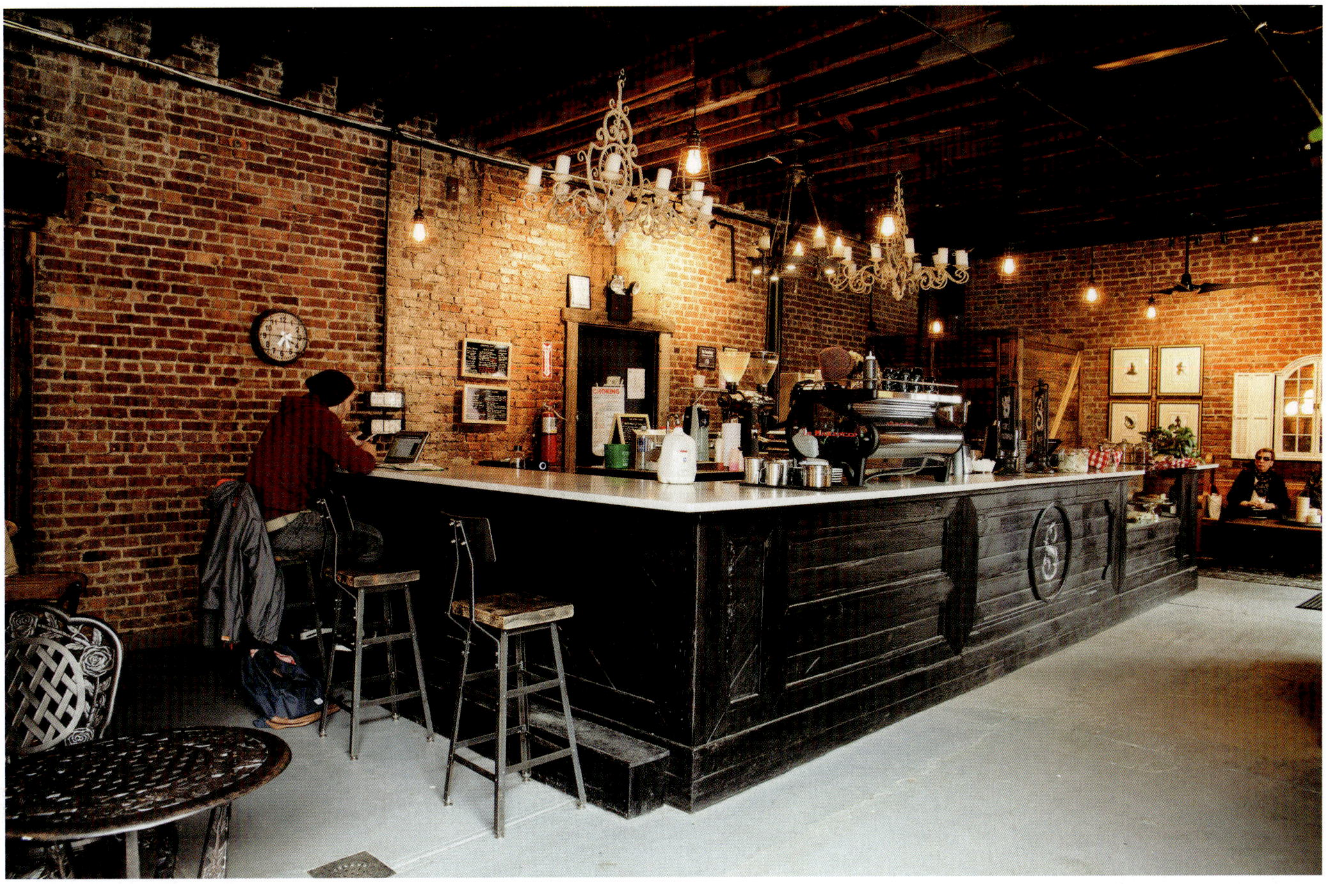

BROOKLYN CAFÉ STYLE

SWEETLEAF COFFEE

no. 4/10

グリーンポイントの静かな通りに構える全面ブラック の建物。中はヴィンテージ感たっぷりのエレガントな雰囲気に作られている。壁は一面レンガになっており、重厚な素材や色味が多いが、テーブル同士に適度なスペースを取っているため圧迫感はなく、のんびりと過ごすことができる。最近はシャンデリアをうまく取り入れたカフェやショップが増えているようだ。

159 Freeman St, Brooklyn, NY 11222
Tel.347-987-3732　7AM-7PM (Mon-Fri)　8AM-7PM (Sat,Sun)
http://sweetleafcoffee.com

Red Fox
Coffee Merchants
GARDEN, FIELD &
FLOWER SEEDS.
PLANTS, BULBS.
AND GARDEN.
REQUISITES.
W.W. RAWSON & CO.'S
HAND BOOK
FOR THE
FARM & GARDEN.
34 SO. MARKET ST

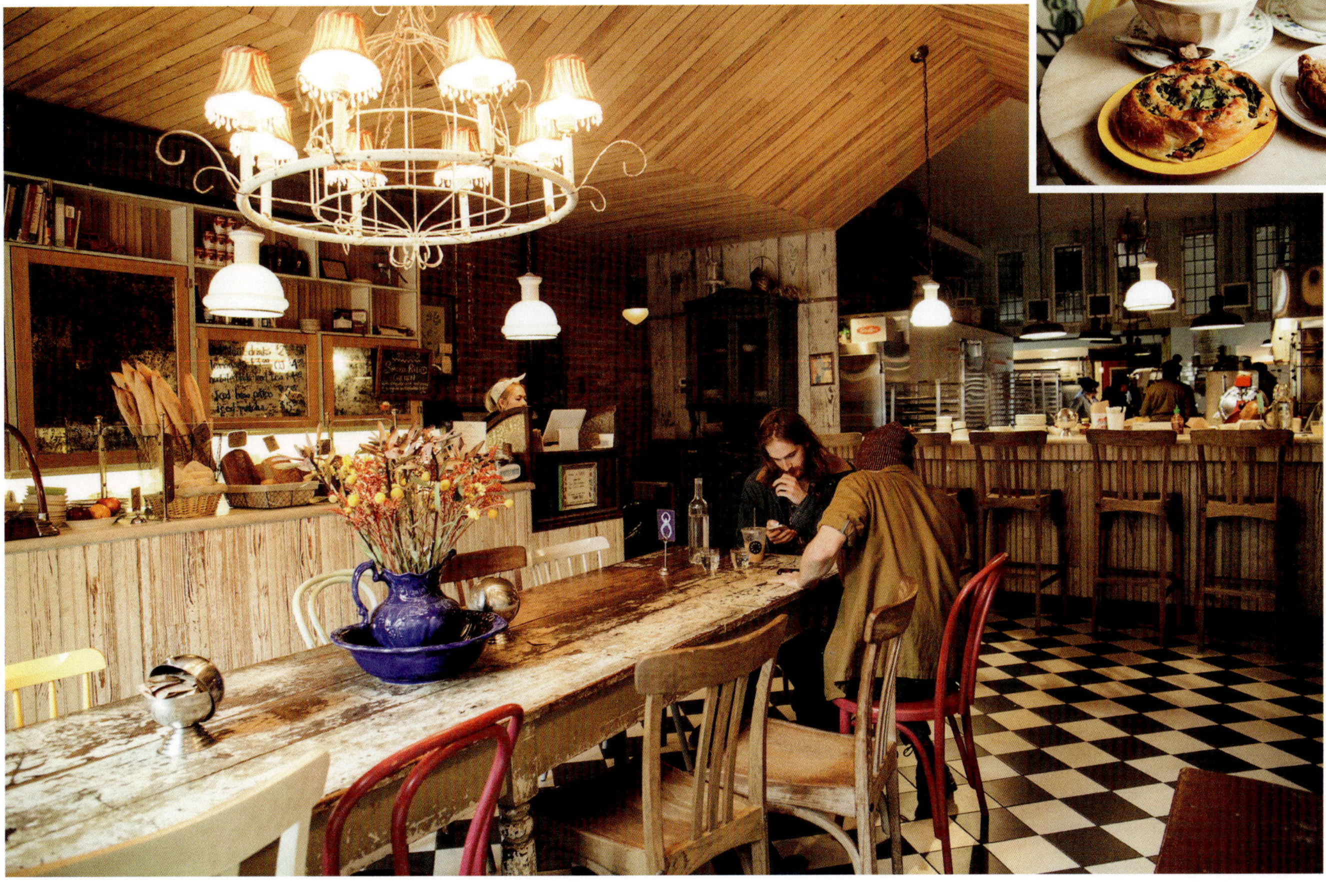

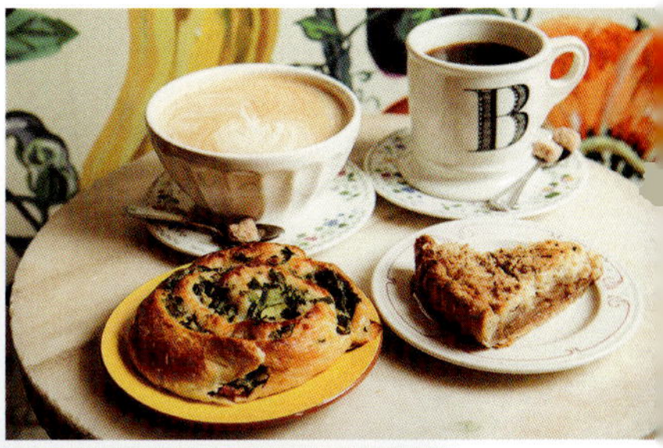

BROOKLYN CAFÉ STYLE

no. 5/10

BAKERI

2009年のオープン以来、幅広い世代に人気のベーカリー＆カフェ。内装は南フランスの田舎町を彷彿させる。経年した白いペンキ塗りの木材を多用しており、アットホームな雰囲気。グリーンポイントにあり、マンハッタンやウィリアムズバーグの喧騒から離れて過ごすには最適な場所。テーブル中央の鮮やかな花瓶とフラワーアレンジメントが、朝から気分を晴れやかにしてくれる。

105 Freeman St, Brooklyn, NY 11222 Tel.718-349-1542
7AM-7PM (Mon-Fri) 8AM-7PM (Sat,Sun)
http://www.bakeribrooklyn.com

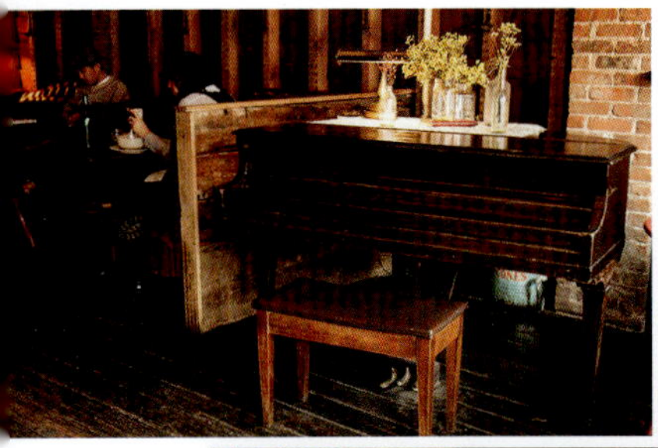

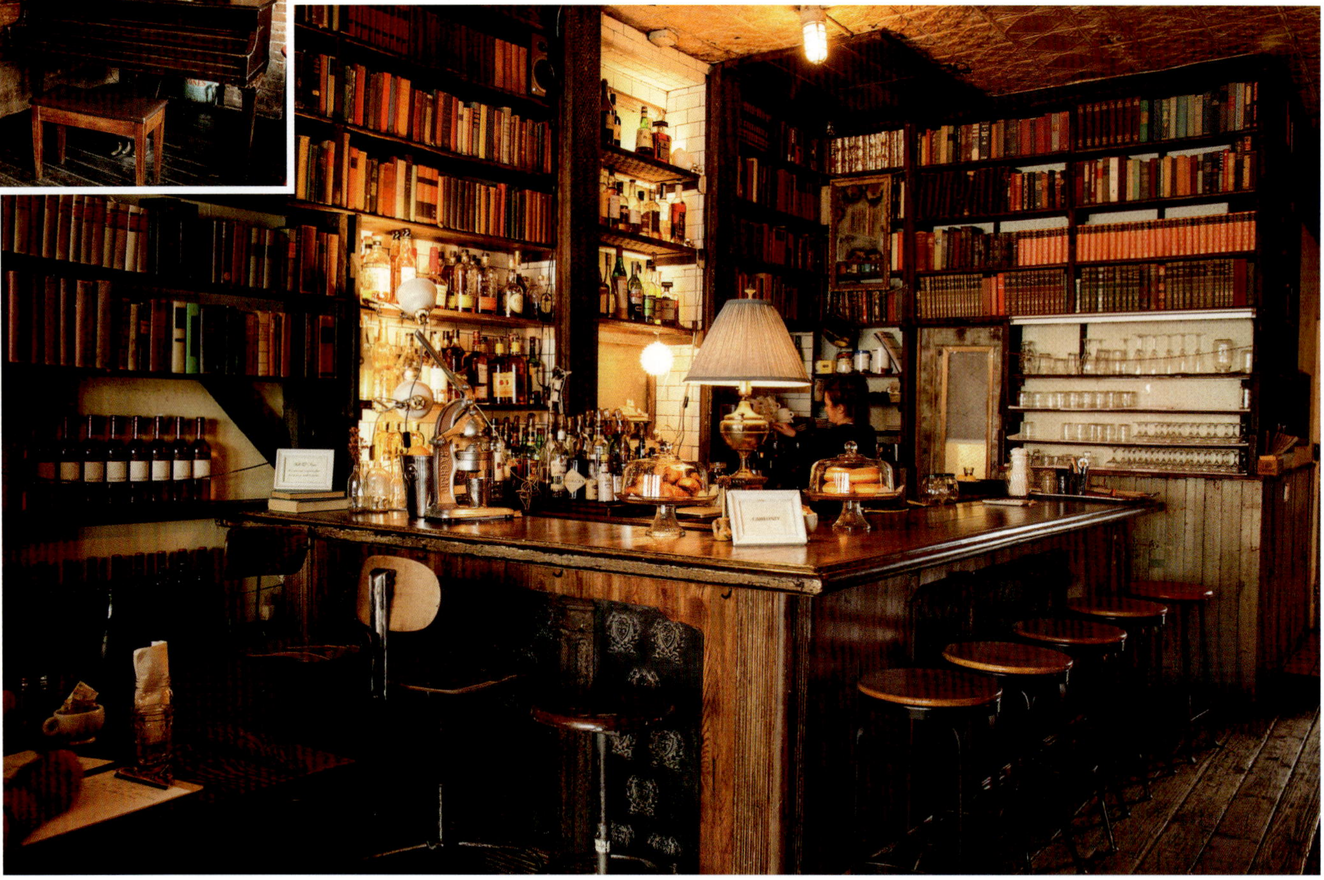

BROOKLYN CAFÉ STYLE

no. 6/10

Milk & Roses

小ぢんまりとした店内は壁一面が本棚になっており、まるでクラシックな書斎のよう。ほとんどの什器はオーナーが集めたヴィンテージで構成されている。窓際は自然光が入り明るく、奥の方はぼんやりと照明が灯る。カウンターの他はワインレッドのシート席。現在は改装中だがバックヤードにも席があり、春は桜が咲くという。

1110 Manhattan Ave, Brooklyn, NY 11222 Tel.718-389-0160
10AM–12AM (kitchen closes at 11PM) (Mon-Fri)
10AM–1AM (kitchen closes at 12AM) (Sat)
10AM–11PM (kitchen closes at 10PM) (Sun)
http://milkandrosesbk.com

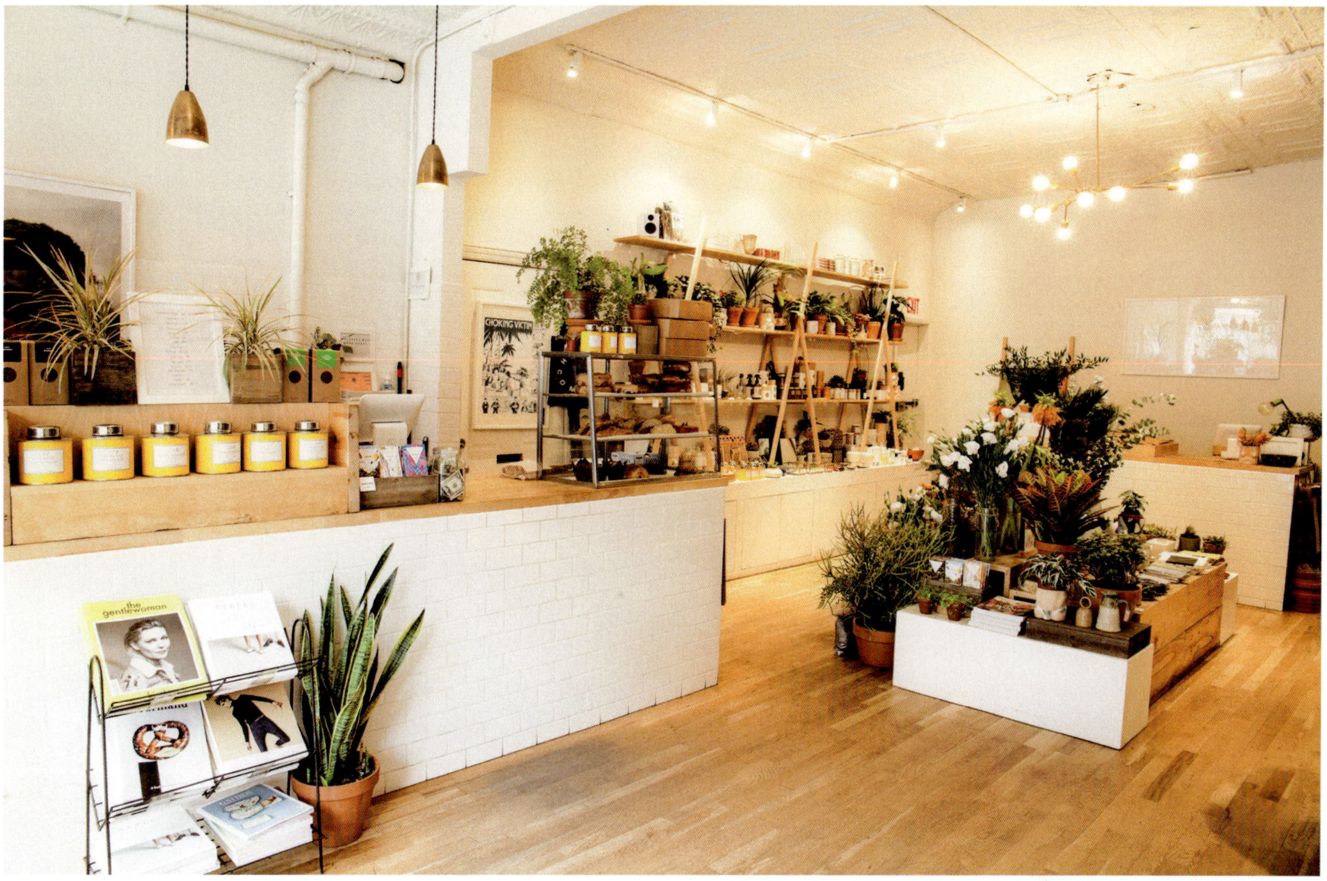

BROOKLYN CAFÉ STYLE

HOMECOMING

no. 7/10

前項でティトとの待ち合わせ場所としても登場したカフェ。エントランスにコーヒースタンドがあり、その奥はグリーンショップになっている。カウンターや壁面はシンプルに統一し、フレッシュなグリーンたちを最大限に活かしている。清潔感がありとても洗練された空間。コーヒーと観葉植物という近年のトレンドを理想的な形で取り入れたショップである。

107 Franklin St, Brooklyn, NY 11222
Tel.347-457-5385　8AM-7PM (Mon-Fri)　9AM-7PM (Sat, Sun)
http://www.home-coming.com

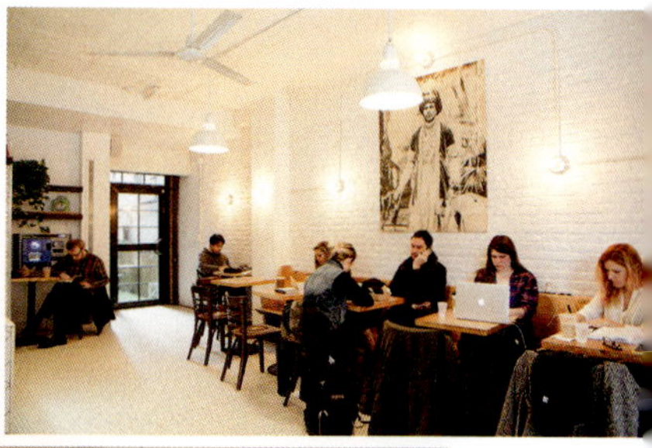

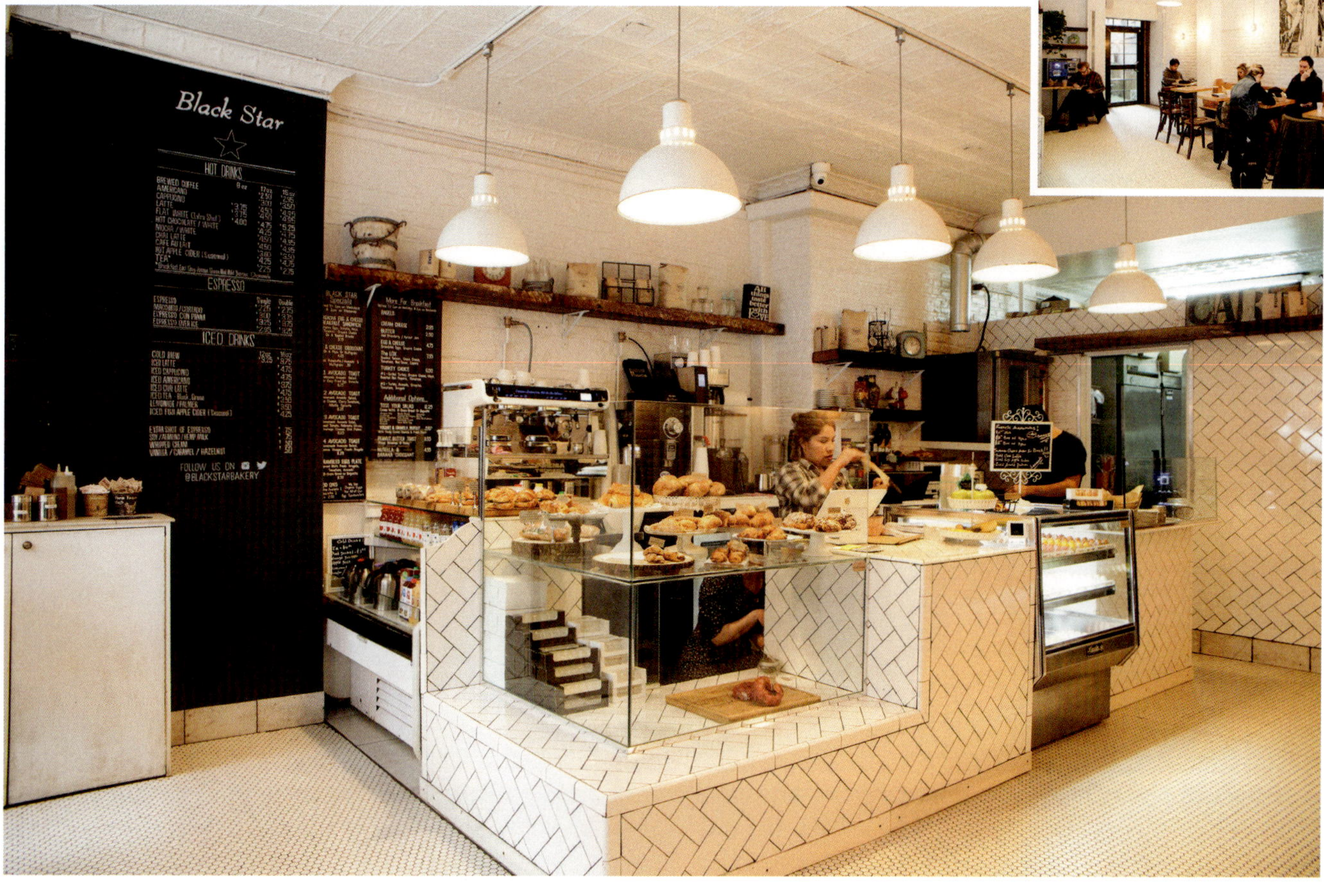

BROOKLYN CAFÉ STYLE

BLACK STAR BAKERY&CAFÉ

no. 8/10

モノトーンで統一したスタイリッシュなベーカリー＆カフェ。軒先のロゴもステンシル風でカッコいい。いま日本でも浸透しているソリッドなシェードランプやブラックボードなどは、ニューヨークそしてブルックリンのこんなカフェから火がついた。客席の背後の白壁には、昔の大きなセピア写真を。このような、シンプルにとどまることなくひと工夫を施すセンスを参考にしたい。

595 Metropolitan Ave, Brooklyn, NY 11211
Tel.718-782-0060
7AM-8PM (Mon-Fri)　8AM-9PM (Sat, Sun)

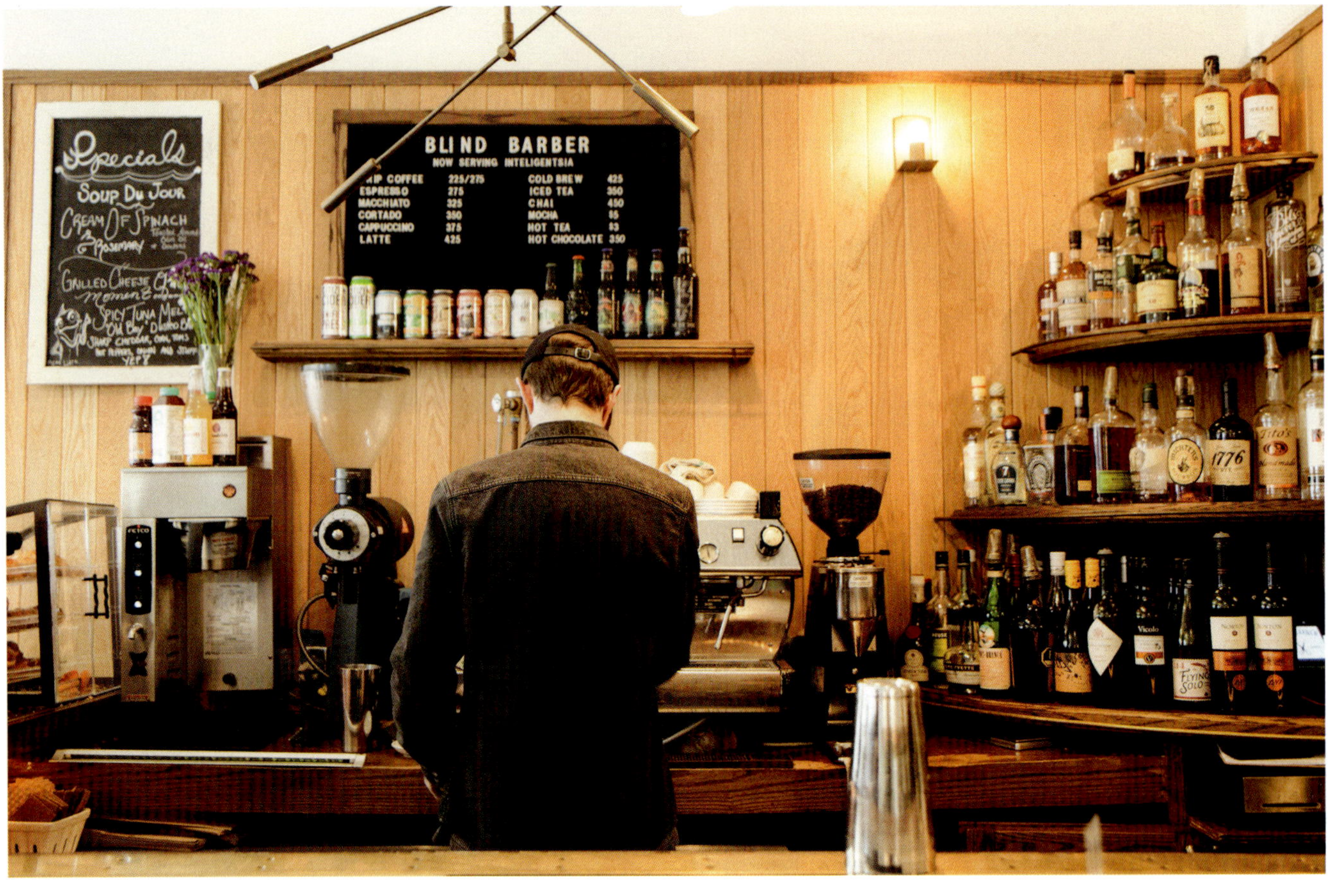

BROOKLYN CAFÉ STYLE

BLIND BARBER

no. 9/10

バーバーを併設するカフェ＆バー。完成当初はバーバーと飲食店を同じ空間にまとめるという斬新なアイデアに不安の声も集まったが、いまや大人気のスポットになっている。エスプレッソマシーン周辺やボトルの並べ方など、無駄がなく整然としていて好印象。味気なくならないよう、さりげなく花を置いて色味を足している。

524 Lorimer St, Brooklyn, NY 11211　Tel.718-599-2435
CAFE　7AM-12AM (Mon-Fri)
8AM-12AM (Sat)　8AM-8PM (Sun)
BARBERSHOP　12PM-9PM (Mon-Sat)　12PM-6PM (Sun)
http://www.blindbarber.com

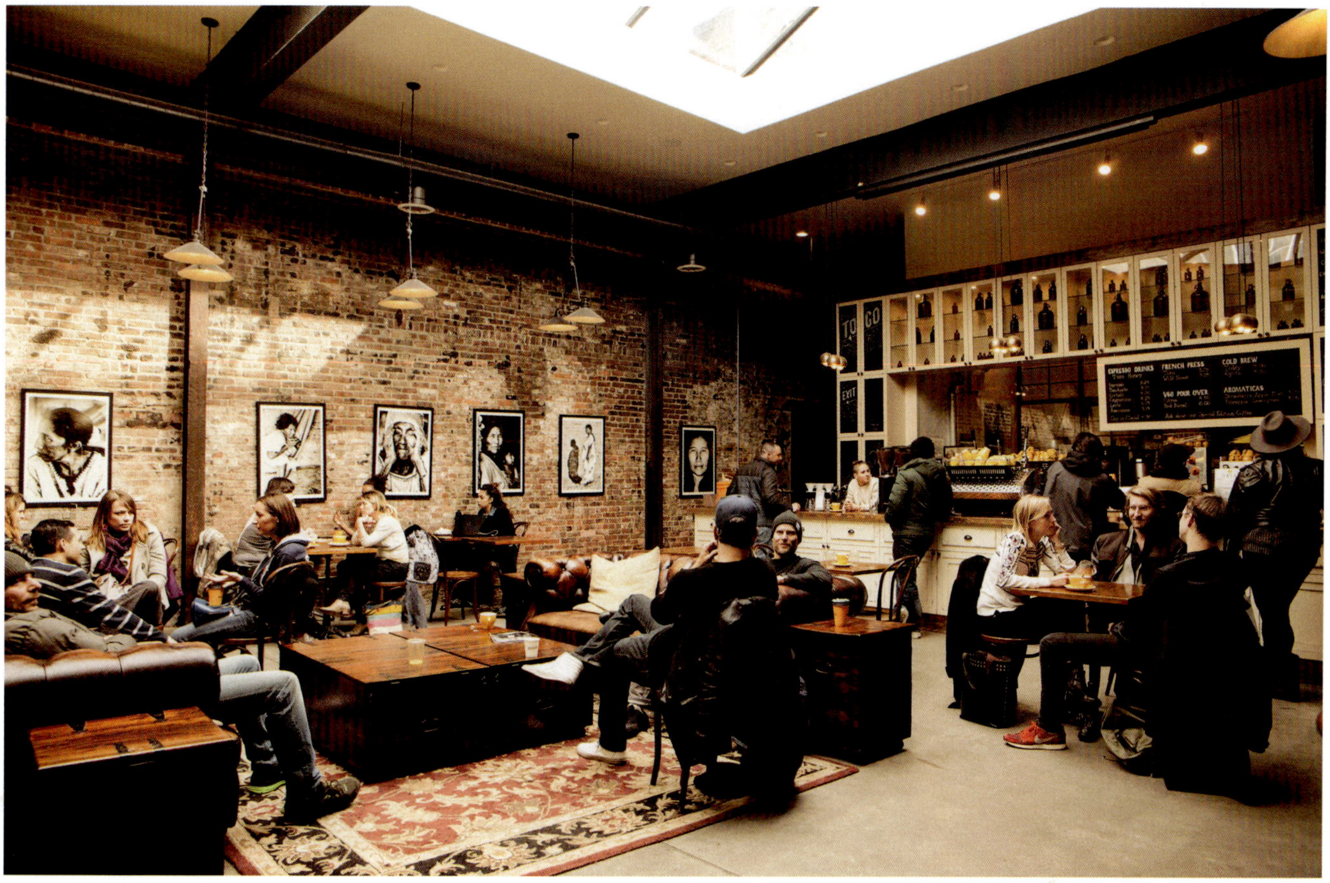

BROOKLYN CAFÉ STYLE

no. 10/10

DEVOCIÓN

高い天井から光が挿し込む、開放的なカフェ。ブルックリンらしいインダストリアルスタイルに、チョークアートや写真などアートの要素も取り入れている。休憩やミーティングの邪魔にならない落ち着いた雰囲気が魅力。コーヒーは店内でローストしたばかりの豆を使用し、ハンドドリップやフレンチプレスなど淹れ方もチョイスできる。提供するカップはイエローで統一している。

69 Grand St, Brooklyn, NY 11249
Tel.718-285-6180　7AM-7PM (Mon-Fri)　8AM-7PM (Sat, Sun)
http://devocion.com

French Press & Drip
ESPRESSO DRINKS
Toro · Honey
Espresso 3.25
Macchiato 3.75
Cortado 4.00
Cappuccino 4.25
Latte 4.75
Americano 3.25
Soy or Almond +.50
FRENCH PRESS
Toro 3.25
Wild Forest 3.25
V60 POUR OVER
Citrus 4.50
Red Barrel 6.00
COLD BREW
Toddy 4.50
Kyoto 5.50
AROMATICAS
Strawberry, Apple, Mint 3.25
Pineapple, Lemongrass 3.25
Ask about our Special Edition Coffee
V60 Pour Over
Cold Brew
Kyoto
Aromatics
Cascara & Iced Cascara tea
DRIFT
recycle
Half
Milk
SKIM

4児の父でもあり、家庭でも大忙しのケント・キルローさんは、マネージング・ディレクター

SHOP_01

どんなシーンにも対応するアイテムが必ず見つかる。

FREEMANS SPORTING CLUB

［フリーマンズ スポーティング クラブ］

8 Rivington St, New York, NY 10002
TEL 212-673-3209　11am–8pm
http://freemanssportingclub.com

Shop

SELECT THE AMRICAN BRANDS

ジャケットを買いに来たお客さんに、丁寧にフィットの説明をする店員。親切なサービスが嬉しい

やっぱりアメリカブランドを買うなら、

リテールショップに行きたい！

せっかくアメリカに来たのなら、アメリカを代表するブランドのアイテムが欲しい。トレンドのキーワードは、ヘリテージ系、少数生産、ローカルメイド。そんな作り手の思いが伝わるようなモノを探しに行こう。

Text by Azumi Hasegawa 長谷川安曇　Photo by Lisa Kato 加藤里紗

ロウアーイーストサイドの一角にある「フリーマンズ スポーティング クラブ」。クラシックでカジュアル、飽きのこないデザインのアイテムが揃う。アロハシャツを彷彿させる花柄のシャツや、カモフラージュ柄の薄手のジャケット、濃紺が美しいインディゴのアイテムなど、オリジナル商品の幅が広い。2005年にオープンした当初は、メインの商品はスーツだったという。「当時のニューヨークでは、スーツはあまりメジャーでなく、大型のデパートやプラダやグッチなどの高級店でしか入手できないものでした。同店ではテイラーがメジャーして、試着もできるので安心です」と、マネージング・デ

カジュアルなジャケットやスウェットシャツは最近特に力を入れているアイテムで、とても人気が高い

店内にはバッグやハット、シューズなどの小物類も充実。右）拡張したスーツのセクション。軽量のスーツ作りに取り組んでいる

ヘアスタイルの
流行はここが
発信地だよ！

フリーマンズ スポーティング クラブのバーバー。クラシックなヘアスタイルがニューヨークで流行りだしたのも、ここが火付け役

バーバーを訪れる客層も幅広く、20代から70代まで。ショッピングに来たついでに是非ヘアカットを試したい

チェアは1970年代の「ベルモント」社の日本製。「ホーウィンレザーカンパニー」の革に張り変えられている

PICK UP!

買い物ついでに、ニューヨーカーたちの社交場でグルーミング。

SHOP_02

F.S.C.BARBER

[フリーマンズ スポーティング クラブ バーバー]

8 Rivington St, New York, NY 10002
TEL 212-256-1309
Monday / 11am–8pm
Tuesday–Friday / 9am–9pm
Saturday–Sunday / 10am–6pm
Cut / $48–

2013年に拡張オープン。当初はアパレル販売スペースの奥にバーバーチェアが5つあるだけという、斬新な試みだった

イレクターのケント・キルローさん。現在ではスポーツウェアとテーラードをミックスしたような、よりコンテンポラリーなデザインとなっている。また商品のほとんどはニューヨーク市内で少数生産で製作されている。

2006年にはバーバーも拡張し、ニューヨークのバーバーシーンの先駆け的存在となった。ケントさん曰く、「ここでは髪も切れるし、スーツを作ることもできる。雨が降ってきたらレインコートも買える。ただのアパレルだけではない、生活の一部を感じるライフブランドになりました」

セレブやスポーツ選手、新聞の有名コラムニストも訪れるそう。バラエティに富んだ客層と、幅広い年齢層に支持される一軒だ。

バーバー愛用のポマードは「ミスターナッティー」社のもの。トラディショナルなヘアスタイルを演出する必需品なのだ

こちらもバーバーが使っている「ミスターナッティー」社の、カミソリやオイルのシェービングセット。イギリス製のアイテム

Shop

SELECT THE AMRICAN BRANDS

モノがありすぎて
買い物に悩みそう!

レジの奥には昔の名残りとして今でもリカーが並ぶバーコーナーがある。眺めているだけでも楽しい

SHOP_03

ニューヨークに来たら外せないショッピングスポット。

J.CREW LIQUOR STORE

[ジェイ・クルー　リカーストア]

235 West Broadway, New York, NY10013
TEL 212-226-5476
Monday–Friday / 11am–8pm
Saturday / 11am–7pm　Sunday / 12pm–6pm
https://www.jcrew.com

ボタンダウンのシャツやキルティングのジャケット、大きめのトートバッグなど、様々なアイテムが揃う

着ていくうちに風合いが出てくるスウェットや、J.クルーでお馴染みのチェックのシャツ、ニューバランスのスニーカーなどが並ぶ

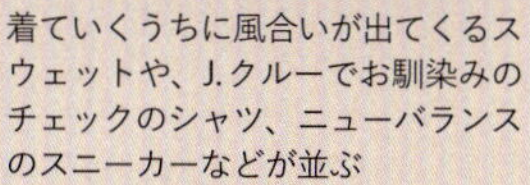

店内の奥のハイエンドなコーナーには、カーディガンやジャケット、スーツ、ドレスシューズなどが揃う

創業'83年で、今では全米で200店舗以上も構えるJ．クルー。そんな大手ブランドのセレクトショップがオープンしたのは'08年のこと。1825年に建設された建物をそのまま使用し、以前はタバーン（居酒屋）として、地元の人々に愛されていたスポットだ。看板もバーカウンターもそのままで、ヴィンテージ感が漂う雰囲気で統一されている。オリジナル商品と一緒に、他社ブランドを展開し、靴の老舗の「オールデン」やワークブーツブランドとして名高い「レッドウィング」、「チペワ」とコラボしたアイテムも揃う。デニムパンツやスウェットなど、カジュアルな定番デザインが多いので、きっとお気に入りが見つかるはず。

チペワとコラボして特別に作られたモデル（上／275ドル）とレッドウィングとのコラボモデル（下／280ドル）

履きこむほどに濃いインディゴの風合いと、ゆったりとしたフィットが馴染んでくるデニムパンツ。198ドル

オープン当初は、若い世代のミュージシャンやアーティストが多かったが、最近では年配の人もデニムを買いに来るという

4ブロック先の近所に住んでいます。

ミシガン州デトロイト出身。アメリカで最初のディーゼルとドルチェ＆ガッバーナのリテールディレクターを務めていた経緯を持つ

デニムのお直しの価格が描かれた黒板。ジャケットやスカート、ドレス、シャツの丈詰めなど各種サービスも行っている

ベーシックなスタイルのスリムカットのデニムパンツ。ストレッチも効いている。ロールアップして穿きたい。220ドル

SHOP_04

バラエティに富んだローカルメイドのデニムが揃う。

BROOKLYN DENIM CO

［ブルックリンデニムコー］

85 N. 3rd St. #101 BROOKLYN, NY 11249
TEL 718-782-2600
Monday–Saturday / 11am–7pm　Sunday / 12pm–6pm
http://brooklyndenimco.com

ブルックリンでは誰もがデニムパンツを穿いているのに、デニムのお店がない。そんな思いから、フランク・ピズーロさんが'10年にオープンさせた「ブルックリンデニムコー」。スーパースキニーからワイドまで、様々なフィットを展開している。「ブルックリンの繊細さを表現するように、コーンデニムで、クリーンでインダストリアルな雰囲気にしています」と、フランクさん。可能な限り地元で製作し、すべての商品がメイドインUSAだという、希有な存在だ。オリジナルブランドに加えて、AGやボールドウィンなどの他社ブランドも取り扱っている。Tシャツやデニムベスト、レザージャケットなど、幅広いラインナップなので、必ずお気に入りが見つかるはず。店内に他のショップも複数あり、ユニークな作り。

PICK UP!

店内にはショップinショップもある!

FIRST STANDARD

［ファーストスタンダード］

サージ・ゾロタリオヴさんによるワンマンオペレーションのデニムブランドもショップ内に併設。扱うデニムはウォッシュ加工は一切しない、定番のリジットデニムのみ。ニュージャージー州の工場で製作しているが、難しい縫製はこの場所で、自分で行うという

近所に住むニューヨーカーも世界各地から来た観光客も足を運ぶ。ハリウッド俳優も訪れるそう

航空会社ジェットブルーの制服を再利用して作ったコレクション。とても人気で、売り出しの初日には90分で完売した

長年使われたマンハッタン・ポーテージのバッグをストーリーとともに展示しているコーナー

ターポリンという防水加工され、3層からなる丈夫な生地を使用したメッセンジャーバッグ。[1607V-VL-2/YEL] 79ドル（税抜）

SHOP_05

マンハッタンの都市景観が目印、長い間ずっと使える丈夫なバッグ。

MANHATTAN PORTAGE & TOKEN STORE

[マンハッタン ポーテージ&トークンストア]

258 Elizabeth St, New York, NY 10012
TEL 212-226-9655
Monday–Saturday / 11am–7pm　Sunday / 11am–6pm
http://www.manhattanportage.com

機内持ち込みや、小旅行に最適なダッフルバッグ。落ち着いたトーンが魅力だ。[1330-TWL/CAM] 89ドル+tax

ワックスコットンを使用したトークンのバックパック。[TK-290-WX/FTAN] 235ドル+tax

ブラックレーベルのハーバーコレクション。[5209-BL/DBR] 250ドル+tax

老若男女に愛され、どんなシーンでも大活躍するバッグがマンハッタン・ポーテージ。'83年にニューヨークで生まれ、その丈夫さと使いやすさ、背負ったまま自転車に乗れる設計から、多くのバイク・メッセンジャーが使うようになった。現在では、アーバンライフに対応したデザインのバッグを展開し、通学用、旅行用、通勤用にぴったりなアイテムが揃う。ソーホーにある旗艦店は2006年にオープン。赤いロゴの30年間ほとんどデザインが変わっていないレッドレーベルと、テクニカルな機能がたくさんついたブラックレーベルや高価なキャンバスやレザーなどを使ったハイエンドなトークンというブランドがある。

Shop

SELECT THE AMERICAN BRANDS

ヴィンテージ感のある風合いが魅力です!

SHOP_06

メイドインUSAにこだわったベーシックな究極のチノパン。

GROWN & SEWN

[グロウン アンド ソーン]

116 Franklin St. New York, NY 10013
TEL 917-686-2964
Monday–Saturday / 12pm–6:30pm
http://www.grownandsewn.com

クリエイティブ・ディレクターのロブ・マグネス氏。ラルフ・ローレンのメンズ・デザイン・ディレクターを経て、同社を設立

2010年にトライベッカにオープンしたフラッグショップ。サウスカロライナ州やテキサス州で栽培したコットンを使用したチノパンが揃う

ロブさんが設置した、ヴィンテージアイテムのコーナー。ミリタリージャケットなどが揃い、大好評だそう

コットンの栽培(グロウン)から縫製(ソーン)まで、ほとんどすべてがアメリカで作られているチノパン。「誰の体にもぴったりフィットする一本を提供したい」というオーナーの意思のもと、まるでジーンズのようにクラシックからスキニーまで、4~5種類のフィットを展開。ウォッシュ加工にもこだわり、立体感とテクスチャー、風合いが生まれるように軽石や酵素、柔軟剤を使用し、丁寧に手作業で施している。ヴィンテージの質感が足されたチノパンは、シンプルで洗練されたデザインで、何にでも合う。他にもTシャツやシャンブレーシャツ、ワインボトルが内包できる設計のトートバッグなど、コレクションが続々と増えている。

春夏に最適な「ハンプトンショートフェザー」ショーツ。デイリーにもアウトドアにも便利な一本。145ドル

デニムのように、着るほどに体に馴染み、独特の色合いが生まれるのはグロウン&ソーンのアイテムならでは。バッグやTシャツなども展開。

PICK UP!

少量生産のアーティストのコラボ!

シーズンごとに発表している、ブランドの哲学を熟知した職人とのコラボパンツ。14本しかない人気のシリーズで、ミリタリーウエアにインスパイアされたデザイン。1本ずつ微妙に風合いが違うところがポイント

アメリカでの火付け役はニューヨークからだった。

pure blue japan in

Blue in Green New York

日本製デニムを数多くストックする同店でもpure blue japanの人気は不動。その風合いの良さを聞きつけて、遠く他州から買いに来る人もいるほど

日本製のインディゴ染めにこだわり、オリジナリティあふれる生地で多様なアイテムを生み出すpure blue japan。今やその人気は国内にとどまらず、海外でも高い評価を受けている。それはアメリカでも同様。そんなアメリカのマーケットに進出したのが、ニューヨークはソーホーにあるセレクトショップ「Blue in Green」の存在だ。日本製のデニムを中心にセレクトし、現在ではウエアだけにとどまらず、コーヒースタンドや、テーブルウエアなどもそろえたライフスタイルショップとして進化した同店は、pure blue japanのセレクトも随一だ。

Using only domestically-produced indigo dye, pure blue japan continues to churn out a wide selection of items using their original fabrics. The brand has gained popularity not only in Japan but throughout the world as well, including the United States. One of the biggest reasons that the brand decided to enter the US market was the existence of popular select shop, "Blue in Green", located in the Soho district of New York. The store carries a wide range of Japanese denim, including select pure blue japan items, but in addition to clothing they have also evolved into a lifestyle shop, carrying everything from coffee stands to tableware.

Photo by Lisa Kato 加藤里紗
Text by CLUTCH Magazine 編集部
pure blue japan Harajuku
Tel.03-3408-6644 http://www.purebluejapan.jp

3 | 2 | 1

1.間口はそれほど広くはないが、奥行きのある店舗。かつて奥のスペースはオフィスやストックルームだったが、現在ではショップへと拡大した 2.カフェスペースにはエスプレッソだけでなく、ハンドドリップのコーヒーも味わえる。使っている豆もオリジナルブレンドというこだわりよう 3.ウエアだけでなく、テーブルウエアなどもセレクト。ここには有田焼のコーナーで、デニム以外の日本製プロダクツにも力を入れている

ショップ奥のスペースは自然光が入る開放感あるスペースになっている。ボトムスだけでなく、アウターやトップス、それにシューズなどもそろう

たっぷり注ぐ自然光に呼応するかのように、グリーンをコーディネイト。奥に置かれたヴィンテージのオーディオは愛好家も唸る逸品である

column

Talk about pure blue japan.

ニューヨークの人たち、とくにファッション感度が高い人には日本製のデニムの良さはすでに知れ渡っています。そのなかでもpure blue japanに関して言えば、やはりその生地のオリジナリティでしょうね。肌触りや質感などの良さはショップに来て実際に触ってもらえればその違いに誰もが気がつきます。あとは同じシルエットでいろんな生地のバリエーションがラインナップされているので、一度気に入ってもらえるとリピーターになる人も多いですね。

Blue in Greenのオーナーであるユウジ氏。目の肥えたニューヨーカーに日本製のデニムの良さを広めた中心人物で、2006年にショップをオープンさせた

インディゴ染めの糸をジャカード織りし、さらに迷彩柄を表現したスウェット生地はファッションアイテムとして十分に存在感のあるスウェットパンツへと仕上がった。¥19,440_

Blue in Green限定モデルはpure blue japanの大定番モデルともいえるXX-013をベースに、ポケットに入る刺しゅうやレザーパッチをスペシャルなデザインにしている

ジャカード織りでペイズリー柄を表現した生地のシャツは着込むことで凹凸部分がフェードし、よりペイズリーの柄がはっきりと出てくる。インディゴ染めならではの風合い。¥17,280_

インディゴに染めた糸を使って織り上げたコーデュロイ風のオリジナル生地をデニムジャケットのデザインに落とし込む。畝を目立たせない別珍のような風合いがおもしろい。¥27,000_

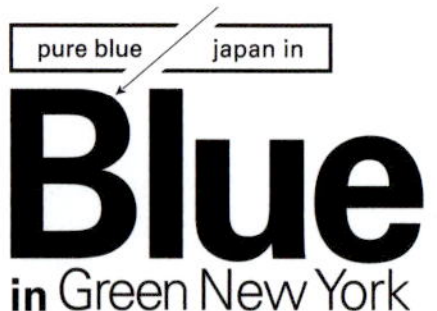

スタッフのNAOKIはプライベートでもpure blue japanを愛用。着用するパンツはNC-011BKというブラックデニムで、2年ほど穿いている。あえて色落ちしにくい染めによるモデルなので、2年穿いてもブラックの濃さがしっかりと残っている

スタッフのライアンのコーディネイトはタテヨコともにインディゴ糸を使用した6066ディープインディゴJKTにXX-013テーパードスリムを合わせる。まだ穿き始めてわずかというが、スニーカーなどをラフに合わせるのが彼らしいスタイル

Shop Data

Blue in Green

8 Greene St. New York,
NY 10013
Tel.212-680-0555
11AM–8PM (Mon–Sat),
12PM–7PM (Sun)
https://blueingreensoho.com

#01

The "Hip Interior" Style.

WOODEN SLEEPERS

ブルックリンの南西部にあるエリア、レッドフック。
ハドソン川に面したとても穏やかな街で、
これから発展するエリアとして注目されている。
そんなレッドフックにひっそりと佇むWOODEN SLEEPERSは、
ブルックリンの隠れた名店と言っていい。
単にヴィンテージショップとして客を迎えるのではなく
小さな街にあるからこそ、家のような雰囲気を感じてもらうため
温かみのある旧い木材を多用している。
アメリカの懐かしい風景を想起させるような
ヴィンテージインテリアのひとつひとつにも注目したい。

Photo by Lisa Kato 加藤里紗 Text by CLUTCH Magazine 編集部
WOODEN SLEEPERS http://wooden-sleepers.com

店内はコーナーごとにテーマを設けており、こちらはオーセンティックなアメリカンアウトドアをテーマにしている。フィッシングやキャンプなどアウトドアにまつわる本、ヴィンテージのブーツ、ひとつひとつデザインが凝っているマグなどをバランス良くディスプレイしている

'40～'50年代のハンティングジャケットとともに、収穫した野菜や魚、動物などを入れるために使われていた旧いバスケットを並べて。素朴で温かみを感じるディスプレイだ

この日のトルソーのコーディネイトは、ミリタリーをミックスしたプレッピーテイストで統一。「気兼ねなく着られて便利なので、レギュラー古着も結構置いています」とブライアン

SHOP DATA
395 Van Brunt Street, Brooklyn,
NY 11231
11AM–7PM (Tue-Sun)

Brian Davis

ニューヨークのロングアイランド島で自然に囲まれて育つ。'90年代にヒップホップやスケートなどのカルチャーを経験して、その後ヴィンテージウエアに落ち着いた。ニューヨークらしいプレッピースタイルとヴィンテージのミックスが得意。グリーンポイントでアポイント制のショールームを開いた後、レッドフックに路面店をオープンさせた

レジ横には旧い引き出しを置き、缶バッジなどのグッズを入れている。その背景には色味の違う木の板を組み合わせた自作の壁。ロゴは知人のアーティストが描いた

旧い木材と鉄材を用意して自分たちで組み上げた棚。店内では脇役に徹しているが、大量に刺さっていた釘を抜いて滑らかにするなど時間をかけた力作である

旧い本を多く置いているWOODEN SLEEPERSだが、決してランダムに置いているわけではない。インテリアや商品と関連した本を置くようにしている

The “Hip Interior” Style.

THE QUALITY MENDING CO.

THE QUALITY MENDING CO.は、
ヴィクトリア朝の時代から1990年代のものまで扱う
ニューヨークを代表するヴィンテージショップ。
”ミリタリーのストックルーム”をコンセプトに、
世界中から集めたヴィンテージ雑貨や家具を用い
アイテム別に陳列し、バックルームのように見せている。
内装の模様替えも頻繁に行い、オーナーが欲しいと思った
家具や雑貨を入荷する度に、インテリアを変えるという。
特に1920〜’40年代の家具が多く、
星条旗などアメリカンなもので溢れる空間だ。

Photo by Lisa Kato 加藤里紗　Text by Azumi Hasegawa 長谷川安曇
THE QUALITY MENDING CO.　http://www.workclothingsport.com

’50年代のドイツ製のパジャマと、オクラホマ州のアンティークストアで見つけた’40年代のエプロン、お店のオリジナルのハットを着たトルソー。後ろの棚は、誰かが捨てたものを友人が見つけて入手

「天井の高さが4メートルもあるから、インテリアの幅が広がって嬉しい」とオーナー。商品が品薄になると、何が足りないかわかる作り

2015年夏にオープンする前は、アーティストのスタジオだった。場所を引き継いだ時に、ギフトとして一緒に受け継いだ旧い体重計

自身もスケートボードが好きだったこともあり、スケートボードの膨大なコレクションがある。'80年代のものをディスプレイ

'30年代のミシンの一部分を集めて、棚として再利用。「何でも実験的に試してみるのが好きなんだ」と、オリバー

Oliver Harkness

アイルランド出身。ロンドンで生活した後、1988年に渡米。ナイトクラブで働いた後、日本食レストランのウェイターに。たまたま履いていた古着のデニムパンツを客に買いたいと頼まれてから、ヴィンテージビジネスに着手。2003年にソーホーにヴィンテージショップをオープンし、2015年にブルックリン店をオープン

1920～'40年代のアメリカの照明器具も販売している。マサチューセッツやロードアイランドなど、主に東海岸で見つけた。「ヴィンテージは見つけた時が一番楽しくて、売る時が一番辛い」

SHOP DATA

705 Driggs Avenue
Brooklyn, NY 11211
Tel.+1 212-334-5339
12PM–8PM (Tue–Sat)
Closed on Mon
(Hours may vary)

2号店はオリバーが以前住んでいて好きだったウィリアムバーグに。元々あった大きな窓を活かしてショーウィンドーを作るため、道端に捨ててあった木材を使って、オリバー自らプラットホームを製作した

#03

The "Hip Interior" Style.

SHARKTOOTH

個人経営の小さなショップが多いブルックリン。
街を歩いているとガイド本には載っていない思わぬ出会いがある。
そのひとつがSHARKTOOTH。
世界中のヴィンテージラグや生地を取り扱うショップで、
ホワイトを基調にしたクリーンな店内に１枚１枚をすっきりとディスプレイしている。
しかし商品のラインナップは豊富で、定番のネイティブパターンはもちろん、
自分たちでパッチワークしたラグなどここでしか手に入らないものもある。
ラグが１枚あると空間の印象は大きく変わる。
SHARKTOOTHのようなハイセンスなショップで、お気に入りを選びたい。

Photo by Lisa Kato 加藤里紗　Text by CLUTCH Magazine 編集部
SHARKTOOTH　http://sharktoothnyc.com

SHARKTOOTHならではの特徴は、ヴィンテージを扱いながらも店内の雰囲気が重々しくないこと。コーナーにグリーンや花をディスプレイし、清潔感のある空間を作っている

KELLEN TUCKER

SHARKTOOTHのオーナー。プライベートでパッチワークを始めてから旧い布やラグを集めるようになり、当時はラグや生地の専門店がブルックリンに少なかったことからショップをオープン。国や時代にしばられず、マーケットやインターネットを活用して世界中のユニークな生地を集めることをテーマとしている

SHOP DATA

111 Grand Street
Brooklyn NY 11249
Tel.+1 718 451 2233
12PM–7PM (Tue–Sun)
Monday
by appointment only

右上／19世紀初頭のナバホラグ（タテ約80cm×ヨコ約140cm）右下／ヴィンテージの生地同士を幾何学模様のようにパッチワーク（タテ約160cm×ヨコ約213cm）左上／北アフリカのマット。ラフィア椰子の繊維で編んでいる（タテ約80cm×ヨコ約80cm）左下／スウェーデンの伝統的な方法で織られたラグ。多色使いながらまとまりがあり美しい。（タテ約82cm×ヨコ約200cm）

凝ったディティールと革新的なシルエットの打ち出しは、バイヤー時代の審美眼にある。

日本はもちろん、アメリカでも熱狂的なファンが多い。
そんなディレクターの鈴木大器さんの、アメリカンカルチャーを知ったきっかけとは？

Text by Azumi Hasegawa 長谷川安曇　Photo by Lisa Kato 加藤里紗

FROM NEWYORK!

ENGINEERED GARMENTS

[エンジニアド ガーメンツ]

DAIKI SUZUKI

PROFILE

Engineered Garments ディレクター
鈴木大器さん

青森県出身。子供の頃からファッションに興味を持ち、バンタンデザイン研究所で、学ぶ。1989年にボストンへ移り、1991年にニューヨークへ。バイヤーを経て、1999年にネペンテスのオリジナルブランドとして誕生した、エンジニアド ガーメンツのディレクターに就任

最初に手にしたアメリカ製はリーバイス501、'70年代の映画がインスピレーションに。

アメリカで活躍する人たち。

WE ARE WORKING IN

USA!

Engineered Garments

Made in New York

ネペンテス ニューヨークが発信するエンジニアド ガーメンツ。メイドインUSAにこだわり、旧きよき時代の優れたアメリカンクロージングにインスパイアされた物作りは、縫製から素材、ディテールにいたるまで、細部を巧みに取り入れ、独自のスタイルを構築している。その世界中でカリスマ的な人気を誇るディレクターの鈴木大器さん。長い間アメリカで活躍しているが、アメリカに興味を持ったきっかけは映画からだったという。小学生の頃から映画が大好きで、頻繁に地元の映画館に足を運んでいた。『猿の惑星』や『ある愛の詩』、『ウェストサイドストーリー』、ジェームズ・ディーンの着こなしにも影響を受けて、ファッションに興味を持ち始めた。当時はファッション雑誌もほとんどなかったので、映画雑誌を立ち読みしては、イメージを湧かせていたという。時は'70年代。ジーンズが大流行した。

「ヘインズのTシャツにはアイロンをピシッとかけて、大分間違った着方をしていました」と当時を振り返る鈴木さん。ミッドタウンのオフィスにて

「みんなが国産のデニムを穿く中、兄を持つ同級生から、どうやらリーバイスというアメリカ製のジーンズがあるらしい、どうやらそれがかっこいいらしいぞ、という話を聞きました。早速、町のインポートものを扱う店へ行き、リーバイスのジーンズを手に取りました。それがおそらく最初のアメリカ製品だったと思います」と、当時を振り返る。

エンジアド ガーメンツは、ほとんどの服がニューヨーク市内で作られている。Gentryなどブルックリンの人気セレクトショップでも取り扱っている

念願の501を購入したが、生地がゴワゴワで体にあまりフィットせず、洗うと色はすぐ落ち縮んでしまった。

「501とは本来縮む物なのですが、当時はそんなことも知らず、また注意書きに『洗うと縮むから大きめのサイズを買うように』と記載してあったはずですが、英語なので読めず。同じ店で購入したヘインズのTシャツも、洗うと首がユルユルになってしまい、グンゼの方が断然いいじゃん！と思っていました」と、笑う。ともにタンスの肥やしにしていたが、ある時、思い出して着てみると、実はコレがかっこいいのだと気がついた。

やがてジョギングやフリスビーなどアメリカンカルチャーが一気に日本に浸透し、「メイドインUSA」という、アメリカのファッションが詰まったカタログが発刊。それを入手して穴があくほど熟読した。以来、アメリカのファッションに魅了され、服飾の道へと進む。高校を卒業後、バンタンデザイン研究所で学び、ショップスタッフやバイヤー、スタイリストを経て、'89年に渡米。'99年からデザイナーを務める。

「渡米直後は言語の面で苦労したし、あまり周囲の人が優しくなかったので思うようにいかなかった。何でも自分でしなくてはいけなかったので、かえってそれが、成長できたきっかけかもしれません」。

他の追随を許さない、アメリカのワークやミリタリーをベースに、前衛的なツイストを加えたスタイルは、こうして誕生した。

2016年秋冬のカタログ。常に独創的な世界観を演出し、毎シーズン好評を得ている

ネペンテスの店内に展示されたアートワークのコーナー。定期的に異なったアーティストの作品が展示される

SHOP INFO

NEPENTHES NEWYORK
[ネペンテス ニューヨーク]
307 West 38th St. New York, NY 10018
TEL 212-643-9540
Monday - Saturday / 12pm-7pm　Sunday / 12pm-5pm
http://nepenthesny.tumblr.com

2010年にオープンしたネペンテスのニューヨーク店。「エンジニアド ガーメンツ」以外にも「ニードルズ」や「リビルド バイ ニードルズ」などが揃う。またウィメンズも扱っている

1階にはウエアが、2階部分にはバッグやシューズなどが集まる。様々なイベントやパーティも頻繁に開催される

ファッション・ディストリクトと呼ばれる、生地やアクセサリーの問屋が集中するエリアに位置。ガラス張りの外観を見過ごすことはないはず。週末には非常に込み合う

爽やかなプリントやエスニックなテイストのアイテムが揃う、2016年の春夏コレクション。ハットやバッグなどの小物類も充実している

ボストン、サンフランシスコを経て、'97年から拠点をニューヨークにしている鈴木さん。バイヤー時代にアメリカで膨大な量の服を見てきた経験が、後のコレクション製作にも役立ったと語る。アメリカで人気になった理由を尋ねると、

「よくは分かりませんが、洋服が好きな人は高いお金を出して思い入れとともに服を買います。自分自身もそうですが、服を吊るして、ずっと眺めたりとか。買った後に実はこんなところにポケットがあった！ と気がつくことがあり、その時の喜びと言ったらありませんね。自分も、人からみれば必要以上に突っ込んだデザインの服作りをしていると思うので、そこに共感した人が多く存在してくれたのかも知れません」

鈴木さんが言うようにエンジニアド ガーメンツの物作りは、'30〜'70年代のクラシックテーラリングやスポーツウエア、ワークウエア、そしてミリタリーユニフォームなどの、優れた素材やディテールを再構築している。服好きならではの審美眼といえよう。

2016年の5月には「ステューシー」とのコラボ製品を発表。また「ビームス」の40周年記念の企画で「タイメックス」社とのコラボもリリースするなど、その活躍は広範囲に及んでいる。

とことん深く追求したデザインと服に対する思い入れが伝わるモノ作り。

思わぬところに光る隠れたデザインと風合いが存在感をよりアピール。

遊び心が溢れるドルフィンプリントの3つボタンジャケット。

バックにプリーツが入っているベイカージャケット。3つボタンでトラッドっぽい印象ながら、イルカ柄でカジュアル感をプラス。ウォッシュ加工で、独特の風合いが生まれている、春夏にぴったりの爽やかな一着。360ドル

トリプルステッチが目立つデニムのカバーオールジャケット。

ワークウエアらしく頑丈なトリプルステッチが施されている。8オンスのコーンデニムを使用し、見た目はカバーオールだが、テーラードのような作りがユニーク。後ろにポケットがあり、洗濯時はボタンが取り外し可能。価格未定

多数のポケットで機能性を重視したフィールドパーカ。

鈴木さん曰く「すごい数のポケットがついている」フィールドパーカ。バックにも3つ、内側にも大小のポケットが施されている。素材はナイロンとコットンの混紡生地で丈夫な設計。何にでも合うオリーブのパーカは重宝しそう。720ドル

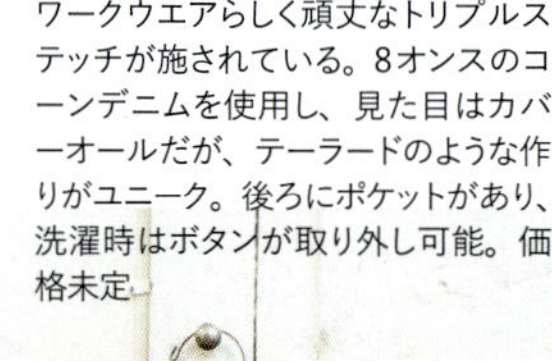

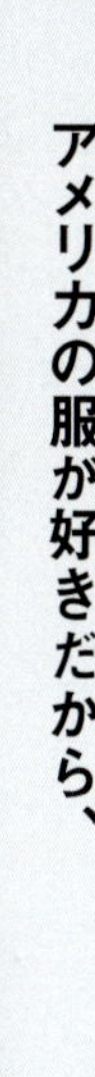

アメリカの服が好きだから、

本場アメリカで服作りを始めた。

ヴィンテージのバイヤーとして得た服の知識と経験を活かして、アメリカのワークウエアやインダストリアルな要素を取り入れた、自分が毎日着たい服をデザインし続けている。その原点とは？

FROM NEWYORK!

POST O'ALLS
［ポストオーバーオールズ］

TAKESHI OFUCHI

PROFILE

Post O'Alls デザイナー
大淵 毅さん

東京都出身。NYでファッションを学ぶため1987年に渡米。ファッション工科大学のプロジェクト・マネージメント学科で学ぶ。1993年に自身の会社を設立する。ジェントリーやスティーブンアランなど、市内の人気セレクトショップで展開中。http://www.postoveralls.jp

ヴィンテージにインスパイアされたデザインをベースに、ワークウエアやアウトドアの要素が詰まった「ポストオーバーオールズ」ファッションにこだわる人から絶大な支持を得て、ニューヨーク市内の人気セレクトショップで展開されている。設立者であるデザイナーの大淵さんは、'87年からアメリカ在住だが、最初に感じた「アメリカ」とは、意外にも冷蔵庫だった。「高度成長期の頃、まだ日本が今ほど豊かでなかった頃に、アメリカの冷蔵庫に憧れました。背が高く、2ドアの立派な取手がついている物。子供の頃に、アメリカ製のものが世界をリードしているような印象を持ちました」

アメリカのテレビドラマやマーベルコミックの漫画、その裏に載っている自転車の広告などにも惹かれた、と話す大淵さん

1980年代のNYに惹かれて渡米、ヴィンテージを探してアメリカ中をまわった。

アメリカで活躍する人たち。

WE ARE WORKING IN USA!

中学生になると、ファッションに興味を持ち始め、雑誌を読んだり、古着屋に訪れたりするように。父親がニューヨークに出張へ行くと、ブルックスブラザーズの服やニューヨーク大学の売店でお土産を買ってきてくれた。

「まだアメリカの物があまり日本にない時代に、ちょっと目にすることができたし、父はアメリカの物が好きだったので、その影響を受けたのかもしれません」

古着のバイヤーとして働いた後、ニューヨークにファッションを学ぶために留学。「アメリカの服が好きだから、アメリカで服を作ってみたいと、思ったことがきっかけです。テレビドラマの『刑事コジャック』に出て来る、まだ薄汚れている頃のニューヨークに幻想を抱いていました」在学中は、週末にフリーマーケットでヴィンテージを販売し、夏休みを利用してアメリカ中のデッドストックを探しることも。デニムパンツやワークウエアを求めては、ブルックリンやブロンクスにも足を運んだ。

「当時は似たことをしている人はあまりいなかったし、レアなアイテムの認知度も低い。貴重なデニムパンツを穿いていても、今のように気づかれることもなく、むしろダサイね、汚い服を着てるね、と感じられる程度。自分にしか価値がわからないことがおもしろかったし、田舎の服屋をまわること自体が醍醐味というか、ある種の経験で楽しかったです」

卒業後は、アメリカの会社に就職しようとするが、知り合いの何気ない「どうせだったら自分でやってみれば」という一言で、一念発起。'93年に自身の会社を設立した。

「もしあのまま日本にいたら、ブランドは立ち上げていなかったかもしれません。アメリカは壮大な気持ちになれる場所。なんせニューヨークにいるんだから、なんでも挑戦してみよう！という気持ちになれました」と、当時を回想する。そんな大淵さんが30歳の若さで発足したブランドは、日本やアメリカ全土、ヨーロッパなど、世界中のショップに並ぶほど、大きな存在に成長した。

ニュージャージー州の少数生産のファクトリーで作られている服。素材はコットンやデニムなど、毎日着られるものが多い

大淵さん率いるポストオーバーオールズが出展している、ファッション展示会の「カプセル」。その会場となったミッドタウンウエストの風景

ヴィンテージのワークウェアに対する情熱で、新しいデザインが生まれる。

ニュージャージー州の工場で自ら型紙を引くという大淵さん。自身の品が縫製されていく様子もしっかり見守っている。スモールバッチのごとく丁寧に作られた製品は、凝ったディティールが一層存在感を増す。

「'80年代のアメリカでは、派手なものが流行っていました。誰しもがゴージャスに着飾り、元々作業服である、カバーオールジャケットをファッションとして着ている人はほぼ皆無でしたが、長く着られるのはこれだ、生き残るのはワークウエアだ、と信じていました。誰も興味を持っていませんでしたが、僕が作ろうと心に決めました」

作業服は基本的にシンプルな作りで、クラスも定義もないところにも惹かれた。古着やワークウエアをベースに、「ここがこうだったらいいのに」という細部を加え、毎日自分が着たい服をデザイン。インダストリアルなハンティングベストには、昔のロガーのようなエレメントが加わっている。「元を辿ると、洋服とは西洋人が考案して着ていたもの。母方の実家が呉服屋だったからか、日本人の僕が洋服を着るのは、大げさにいうとどこかコスプレ、という発想があった。では自分に馴染む、飛躍していない服は何か。そう考えた時にしっくりくるのがワークウエアだったんです」

ブランドを始めた当初よりも、今のファッションシーンでは「ポストオーバーオールズ」のようなコンセプトが浸透してきたが、これからもこのスタイルを貫くという。古着に精通してこそ、今度は伝統やルールが壊せるように。学生時代に足を運んだアメリカ中のヴィンテージショップや、手に取った古着の数々は、温故知新の姿勢とともに、新しいワークウエアとして生まれ変わっていく。

大淵さんはヴィンテージに関する知識が非常に豊富だと、周囲の人々も絶賛する。バイヤー時代には日本にも卸していた。特に'20～'30年代の古着が好み。その経験から生まれたポストオーバーオールズは、独自のオーラを放つ

WE ARE WORKING IN

USA!

ニューヨークで行われた、2016年秋冬物の展示会「カプセル」の様子。ポストオーバーオールズのブースには早い時間帯から、たくさんの人が訪れる

機能美とデザインを兼ね備えて築いた確固たるブランドの逸品。

濃紺カラーが美しい洗練されたベスト。

ベストのデザインが得意という大淵さんが手がける、上品な雰囲気のジッパーベストは、デニムパンツを合わせて着こなしたい。斜めに入った、ジッパー付きのポケットがユニークな印象を作るのに一役買っている。価格未定

温もりのある色合いが目立つボーダージャケット。

ウールブランケットを表地使いしたのがポイント。昔のロガーが着用していたワークウエアのデザインが新鮮。ポケット部分や、袖口、襟のボーダー模様をあえてズラしているところに遊び心を感じる。620ドル

絶妙なバランスのポケットデザインにこだわりを感じる。

ネイビーカラーのスタンダードなワークジャケット。重ね付けされたポケットデザインが個性をさりげなく主張する。デイリーにも使えて、長い間活躍してくれそうな、飽きのこないデザインだ。430ドル

自然の風合いを活かし、洗いざらしのシワ感が特徴のデニムシャツ。

1910年代のUSアーミーの作業用プルオーバーデニムがモチーフになったデニムシャツ。袖口についたボタンや、フロントのサイドポケットが素朴な印象に。日本製のデニム生地を使用し、シワ感がデニムの濃紺を引き立てる。360ドル

人生で最初に「アメリカ」を感じたアイテムは、洗[illegible]に縮む

チャンピオンのスウェット

旅先で出会ったアメリカ人と文通を通して、海外への夢を膨らませた昔。意を決して会社を退職後、現在は念願だったニューヨークへ。

FROM NEWYORK!

BATTENWEAR

［バテンウエア］

SHINYA HASEGAWA

PROFILE

Battenwear オーナー／クリエイティブディレクター 長谷川晋也さん

東京都出身。留学のため2002年に渡米。2004年にファッション工科大学を卒業し「ウールリッチ・ウーレンミルズ」のアシスタントデザイナーを務めた後、2011年に「バテンウェア」を発足。サーフやアウトドアスポーツとリンクした服作りを展開する。
http://battenwear.com

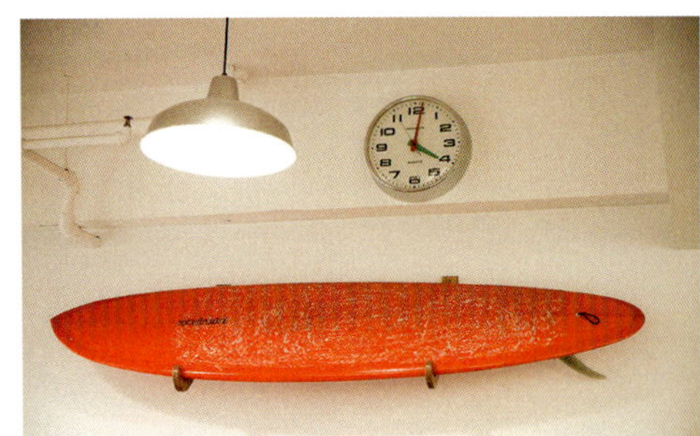

オフィスに飾ってある長谷川さん愛用のサーフボードは、シェイパーのマーク・アンドリーニが手がけたもの。海でサーフィンしてから、マンハッタンにあるオフィスに出社することも

2016秋冬のコレクションから。棚上のシカとリスが刺繍されたキャップは、特に好評だという。ハンガーのアノラックは、ほぼ毎シーズン作っている不動の人気作

「バテンウェア」のオフィスビルがあるのはミッドタウンウェスト。窓を開けると、ニューヨークの高層ビルが立ち並ぶ向こう岸に、ニュージャージー州が見える。夕日が落ちて行く景色も美しい

アメリカで活躍する人たち。

WE ARE WORKING IN

USA!

Battenwear®
NEW YORK

長谷川さんが考案したブランドのロゴで、山と海を表現。「バテン」は長谷川さんのアメリカ人の奥さんの旧姓を名付けた

「バテンウェア」のクリエイティブディレクターの長谷川晋也さんが、アメリカに憧れるようになった背景には、微笑ましいエピソードがいくつか存在する。6歳上のお兄さんの影響で古着に興味を持ち始め、原宿や上野にある古着屋に足を運ぶように。高校生の頃はラグビー部に所属していたため、練習が忙しく、バイトをする暇もない。お年玉をためて、ずっと欲しかったチャンピオンのスウェットを購入した。洗うと縮むが、その度に自分の体に馴染んでいくような気がして毎日のように着ていた。アメリカを感じた人生初のアイテムで、今でも大切に持っているという。

日本大学の商学部に進学後、休みを利用して友人と一緒に、中国にバックパック旅行をした時のこと。バーモント州から来たアメリカ人親娘に出会い、英語での会話やホテルの手配などで助けてもらった。帰国するとその女の子から手紙が届く。文通は一年続き、次第に英語を上達したいという意識が強くなり、彼女に会いに行くことを決めた。'95年にニューヨークのブロンクス区にある大学のランゲージセンターに一カ月通い、念願のバーモント州を訪れる。親娘の家に滞在し、とても楽しい一週間を過ごした。大学を卒業後は大手下着メーカーに就職し営業に配属。仕事は順調だったが、いつも心のどこかで、いつか英語を身につけて海外で働きたいと思っていた。30歳になった時に「思い切って留学しよう！」と決意。

'02年に渡米して、ファッション工科大学でアドバタイジングマネジメント学科を専攻した。卒業後はヴィンテージショップのセールスを経て、「ウールリッチウーレンミルズ」のアシスタントデザイナーに転職。「ずっと自分がクリエイティブなことをする人間ではないと、信じ込んでいるところがあったので、この時初めてモノ作りに従事する楽しさを覚えました」と、長谷川さん。会社と契約が切れた時に、自分で服を作ってみようと、'11年に「バテンウェア」を設立。自身のライフスタイルである、海でサーフィンをした後に、マンハッタンのオフィスに出社できるような、アウトドアスポーツとシティ仕様を兼ねたデザインが特徴だ。

アウトドアスポーツを愛する想い入れが、そこから伝わってくるような服作り。

アメリカで活躍する人たち。

WE ARE WORKING IN USA!

日当りが良く、気持ちのいいオフィス。デスクはウッドで統一され、スタッフもほがらか。ところどころに、おもしろい小物が飾ってあるのが楽しい

お店の中には、長谷川さんが見つけてきたヴィンテージ小物を販売しているセクションも。植物も飾ってあり、爽やかな雰囲気が漂っている

16階にあるオフィス内では、インターンの女の子が商品を仕分け中。パテンウェアの主な客層は、30代後半から50歳代まで。最近始めたオンライン販売も好評だ

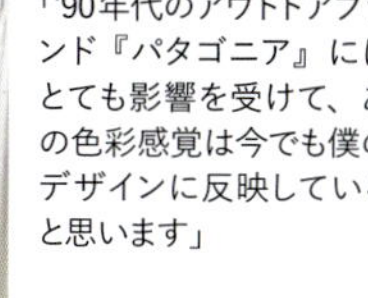

2児の父でもある長谷川さんはブルックリン在住。「'90年代のアウトドアブランド『パタゴニア』にはとても影響を受けて、あの色彩感覚は今でも僕のデザインに反映していると思います」

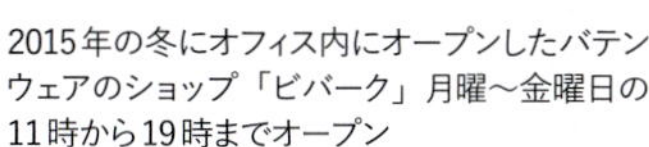

2015年の冬にオフィス内にオープンしたパテンウェアのショップ「ピパーク」月曜～金曜日の11時から19時までオープン

'70～'80年代に誕生した、実験的な洋服を現代風にアレンジ。

クルマを持っていなかった頃は、当時は治安の悪いロカウェイビーチに地下鉄でサーフィンに通っていたという長谷川さん。

「服を浜辺に置き、海へ入ると財布は盗まれるし、地下鉄の入り口でサーフボードを持ちながら、財布を出すのも大変でした。そこで地下鉄券だけさっと出せるように、5つポケットがあるシャツも作りました」

そんな思い出があるだけに、タスランナイロンと呼ばれる速乾性のある生地を使ったショートパンツのポケットには、水抜きを施し、自然と都会に対応する設計を心掛けてたそうだ。そして親近感が湧くのは'70～'80年代の古着。当時のスタイルをインスピレーションにして、フィットや生地を変えて、現代風に再生する。

「'70～'80年代のカルチャーでも音楽でも実験的に物が作られ、同時に駄作も生まれた時代でした。古着屋では当時の実験的な洋服がセールコーナーに佇んでいることも多い。でもそんなデザインに愛着が湧くし、実験的な部分に共感を覚えます」

そんな自身の経験をもとに、ある時代へのオマージュが込められたデザインは、こちら側のハートも打つ。

機能性に加えて、どこか懐かしさを感じるデザインが魅力。

様々な持ち方が楽しめるバッグはNYシーンの強い味方。

バックパックとしても、手さげとしても、ショルダーバックとしても、その時の気分やシーンで様々な持ち方が楽しめる3ウェイコミューターバッグ。丈夫なことで知られる「コーデュラ」社のナイロンを使用しているのも特徴。248ドル

鍔にポリウレタンフォームが入っており、折り畳める設計に。キャンプに行く際など小さく収納することが可能なキャップだ。生地はナイロンなので、水に濡れてもすぐ乾く。花柄のパターンも新鮮。価格未定

カンガルーポケットがデザインポイントのロングセラーアノラック。

通気性を配慮したベンチレーション付きアノラック。素材はリップストップコットン。バックにはゲームポケットと呼ばれる、ハンティング時に取った獲物を入れていたポケットを設置。ハンドウォーマーにもなるカンガルーポケット付き。価格未定

地下鉄サーファー時代の経験をもとに考案されたシャツ。

サーフィンする時は5ドル札と地下鉄券のみを持って出かけていた。その当時に、こんなところにポケットがあったらいいのに、という発想から生まれたシャツ。178ドル

ジッパーがポイントのストーンウォッシュのデニムショーツ。

'70年代にカリフォルニアで流行っていたショーツをモチーフに丈の長さと、フィッティングを変えて、ジッパーを加えたデニムショーツ。188ドル

NYのストリート文化に根付く。

ロウワーイーストサイドの自転車屋チャリ&コーは、

彼らの下に自転車乗りだけではなく、アーティストやスケーターも集う自由な空気はアメリカならでは。そんなコアなメンバーが揃うコミュニティを取材した。

YUKI GOTO

PROFILE
Chari & Co. オーナー
後藤雄貴さん

兵庫県出身。旅行で訪れたニューヨークに惹かれて、2002年に渡米。スニーカーのバイヤーを経て、2008年に自転車のパーツとアパレルの店、「チャリ&コー」をオープン。スティーブン・アランとコラボするなど、大手ブランドも一目置く存在に。現在ニューヨーク14年目

FROM NEWYORK!

CHARI & CO NYC

[チャリアンドコー]

YOSKE MITSUI

PROFILE
Chari & Co. デザイナー
三井陽介さん

東京都出身。駒沢大学高校の野球部で活躍した経緯を持つ。グラフィックデザイナーとして働いた後、刺激がある街へ住むべく2011年に渡米。2013年に「チャリ&コー」に加わり、現在はデザイナーとして、アパレルやアクセサリーをデザインする

「チャリ&コー」の設立者でオーナーの後藤雄貴さんが、ニューヨークを訪れたのは'02年のこと。同時多発テロの直後で1万9800円と、破格のチケットが買えたため、また当時働いていた会社が倒産し、旅行できる時間が充分にあったので、軽い気持ちで1カ月を過ごした。あまりにも滞在が楽しかったので、本格的に渡米を決意。一度帰国して工場で夜通し働きお金を貯めた。

「アメリカに興味を持ったきっかけは、子供の頃に見た『トップガン』。映画に登場するものすべてがカッコよくて、大興奮しました。アメリカは大きく見え、自由な雰囲気にも憧れました」と、後藤さん。同じ年に渡米してからは、スニーカーのバイヤーに。仕事を通して、自然とストリートカルチャーに携わる人々と知り合い、いつしか街中や遠出をして、一緒にサイクリングに行くようになった。

実は三井さんは最初、お客さんとしてお店を訪れていた。「チャリ＆コー」のバックヤードでBBQパーティを開催した時に、後藤さんが一緒に働こうと誘ったそうだ

自転車で走ると、街の景色が変わって行く。そんなニューヨークの姿に惹かれた。

アメリカで活躍する人たち。

WE ARE WORKING IN USA!

「ニューヨークの街中は、自転車でどれだけ走っても飽きない。景色が美しく変わって行くのに惹かれました」

帰国するか悩んだ時期もあったが、どうせなら思い切ったことをしてから日本に帰ろうと決意。当時ライダー達の間で、日本製の高品質の自転車の部品が流行っていたこともあり、'08年に自転車店をオープンした。

入り口ドアに飾られる看板。主な客層は本格的なレースに参加する人から、街乗りを楽しむ人まで。海外からもたくさんの人が自転車を買いにくる

その頃、デザイナーの三井陽介さんは、日本でグラフィックデザイナーとして活躍していた。

「ヨーロッパのデザインが好きだったので、ヨーロッパに行こうと思っていたのですが、若いうちは刺激がある街に住んだ方がいい、それならニューヨークだ！　と、漠然と抱いていたイメージで渡米しました」と話す。

知人を通して後藤さんと知り合い、'13年からデザイナーとしてチームに加わった。

「昔はストリートカルチャーが好きな人が集える場所がたくさんあったけど、今はあまりない。うちにはバックヤードがあって、誰でも気軽にくつろげます。たくさんの人が来てくれるようになったのはアメリカ特有の『気が合えば誰でも友達』という文化があってこそ。もし日本で自転車屋をオープンしていたら、決してここのような感じにはならなかったと思います」と、後藤さん。

現在は自転車レースのチームとしても奮闘し、在籍ライダーも5人かかえている。

オープン当初のメインの商品は自転車のパーツだった。ある日、頻繁に来てくれるお客さんと何気なく話した際に、彼がスティーブン・アランで働いていることを知る。後藤さんが大好きなブランドだと伝えると、「それなら一緒にシャツを作ろう！」という話になり、コラボが決定。'09年にシャツが発売されると話題になり、それがきっかけで日本では「ユナイテッドアローズ」で限定

自転車を乗る用にデザインしたアパレルと、パーツを展開。取り扱うメーカーはイタリアの「チネリ」や、フランスの「ルック」、地元の「ブルックリンマシンワークス」など

お店はロウワーイーストサイドに構える。信頼できるメーカーの製品だけを置いている。辺りはストリートウェアのお店や、カフェ、バーなどが集まる賑やかなエリア

アメリカで活躍する人たち。

WE ARE WORKING IN

USA!

店内の奥にある、自転車を修理したり部品を組み立てたりするメカニックスペース。調子が悪い車輪を調整することも

自転車に乗るための機能性を兼ね備えた、シティライフに対応したスタイル。

のTシャツも作り始める。同時期にビームスでもグラフィック押しのアイテムを展開。以来、キャップやTシャツなど、ブランド展開するようになった。

チャリ&コーには大物アーティストにもファンが多く、WKインタラクトは自転車を直しに、グラフィティアーティストのレジェンド、スタッシュも自転車を買いに来る。スケーターのスーパースターの顧客も多く、ダニースパが寄ったり、ジョーン・カーディエル、ジュリアン・ストレンジャー、マイク・ヘルナンデス、ジョン・イゲイは、一緒にサイクリングに行く仲だ。ファッションアイテムの特徴は、自転車に乗りやすいように機能性を重視し、またシティライフでも兼用できるデザインにこだわっている。

「自転車は乗り出してしばらくしてから体が熱くなるので、ジャケットには風通しがよくなるベンチレーションをつけています。またリフレクターやポケットの角度、その高さにも注意します」と後藤さん。サンプルを実際に着用してどうだったか、「チャリ&コー」のライダー達にフィードバックを聞きながら、デザインに改良を加えて、服を作り上げていく。乗る、着ることを徹底的に考慮した彼らのアティチュード、人気になるのも納得だ。そんなチャリ&コーのアイテムは、現在、日本から公式HPで購入可能。'16年春夏の新作を始め、NYらしい都会的なウエアが手に入る。

'80年代～'90年代にストリートカルチャーで一世を風靡したアーティストやレジェンドスケーターなど、コアなこの場所にメンバーが集まる。そんな背景が伺えるステッカーコーナー

車輪を交換する後藤さん。「人の命を預かるので」部品は高品質なものだけを使用

誰が始めたのか、自然と色々なもので飾られるようになった壁。部品を直す工具は壁に設置し、ポストカードやグラビア系の切り抜きが貼られているところも微笑ましい

SHOP INFO

CHARI & CO NYC
［チャリアンドコー］
175 Stanton St.
New York, NY 10002
TEL 212-475-0102
Monday - Saturday / 11am-7pm
Sunday / 12pm-6pm
http://www.chariandco.jp

フィードバッグを元に設計した、乗りやすく着やすいダウンタウン的なウエア。

リフレクターがついたロングセラーのボンバージャケット。

後藤さんが大好きな『トップガン』にインスパイアされたボンバージャケット。少しずつパターンを変えて、毎シーズン展開している3代目。ファスナー内部には、お店の住所が入っている。バックに手袋を入れるポケット付き。380ドル

まさに自転車に乗るためのような機能性重視のシャツ。

自転車に乗りながらも物が取り出しやすい、サイドジッパーがついたポケットがついたシャツ。鍵を掛ける時など、前屈みの姿勢になって携帯電話を落とさぬように、胸ポケットにはマジックテープで封ができるようになっている。見事！ 180ドル

カジュアルに着たいレッド×クリームのバイトーンカラーのセーター。

遠くからでも目立ち、町中でも注目を浴びそうなバイトーンニットセーター。お店のロゴがフロントに入っているので、自転車好きだと、アピールできる！スニーカーやキャップと合わせて、カジュアルに着こなしたい。150ドル

さりげないロゴがデイリーに使いやすい人気の帽子。

左はNYの摩天楼が線で描かれたタグ付きの、コットンニットキャップ。右は、"気軽に寄れる街の自転車屋さんという"ローカル感をイメージした、クラシックなデザインのキャップ。ともに35ドル

from / NEW YORK

Max Poglia

(Poglia)

Knife craftsman

自身の作品にも通じる。手作りの温もりを感じるコレクション。

ニューヨークを拠点にハンドメイドのオリジナルナイフを製作するマックス。手作業ならではの武骨なナイフが物語るように、自身の周りにはアナログ的なプロダクツが多い。人の手による温もりを感じるクラシカルなアイテムが彼のライフスタイルの軸になっている。

Photo by Lisa Kato 加藤里紗
Text by CLUTCH Magazine 編集部
Poglia http://www.poglia.co

(↓) category

HOBBY

Max Poglia

趣味で集めているアンティークを初めとした小物たちはブラスなどの金属を使ったアイテムが多い。これはライターケースと灰皿という、どちらも金属加工の技術が目を惹く

シンプルだけど味のある、そんなアイテムが集う。

ヨーロッパやアメリカのファッション展示会において、ひときわ異彩を放つブースを演出しているのがポギーラのプロダクツ。それは美しく、武骨なナイフをメインプロダクツとしているライフスタイルブランドであり、すべてハンドメイドという精悍なプロダクツがファッション業界で高い評価を受けている。そんなポギーラを立ち上げたマックスは、ブラジルで生まれ、イタリア、ニューヨークと渡り歩いた経歴を持つ。世界各国の文化とカルチャーを幼い頃から肌で感じ、そこで磨いた感性が彼のプロダクツの根源になっていることは間違いない。

「いろんなモノが好きだけど、結局シンプルなプロダクツにたどり着くことが多いかな。いわゆる大量生産で生まれたアイテムよりも、ひとつひとつに作り手の情熱を感じるモノが好み。そうなるとどうしてもヴィンテージアイテムに惹かれることが多いけど、現代のプ

ブラス製のアンカーの飾りが秀逸なフィッシングギアも、釣りはしないが、その作り込みに惚れて手に入れた。魚がデザインされたポケットボトルもクール

ワインオープナーや栓抜きなどもブラス製を好んでコレクト。使い込むたびに年季を増すブラスならではの質感は幼少期から好きな素材のひとつである

(↓) category

WORK

Max Poglia

ロダクツでも好きなアイテムはたくさんあるよ。だからこそ自分のプロダクツもひとつひとつがハンドメイド。使う素材も昔ながらのモノというのが信条。そんなスタイルだから、身の周りのアイテムもシンプルだけど、飽きることなくずっと愛せるモノが多いかな」と教えてくれた。

彼がナイフというプロダクツにたどり着いたのは、彼の祖父が同じナイフを扱う商売をしていたからだという。小さなころから数多くのナイフを見て育ち、自身も趣味でレザークラフトをやっていたことがそのベースとなっている。さらにニューヨークへ移住してきたときに、ローカルのナイフ職人に出会ったことをきっかけとして、そこでナイフ製作の技術を学んだことが現在の彼のプロダクツへとつながっている。幼少期から、シンプルだけどスペシャルなモノに惹かれるという彼の趣向は、自身のプロダクツから身の周りのアイテムまで共通しているところがおもしろい。自分の好きなスタイルを変えることなく追い求めてきたことが、彼の身の周りのアイテムへも投影されている。

(↓) category

TRAVEL

Max Poglia

旅の相棒はリモワのアルミ製スーツケースと自身でデザインしたレザートートバッグが定番コンビ。金属の質感と武骨なレザーの組み合わせが彼らしい。どちらもかなり使い込まれた雰囲気

ブラジルとイタリアのパスポートを所有し、それぞれの国の通貨をセットにしている。いわゆるパスポートケースは専用品ではなく、ヴィンテージのナバホ製ポーチをケースとして愛用

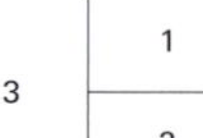

1／ポギーラのナイフの金属部分は昔の耕耘機に使われていたブレードをくりぬき、それを鍛造して仕上げられる。写真は切り出したばかりの刃とハンドル部分に使う動物の骨や角を切り出したパーツたち。これらを組み合わせる
2／それぞれのパーツを組み上げ、最終的な仕上げをする前の段階のナイフ
3／プロダクツはナイフだけでなく斧や折りたたみ式のモノまでラインナップ。最後の仕上げでそれぞれのパーツが美しく輝き出す。唯一無二の存在感

(↓) category
FASHION
Max Poglia

お気に入りのハットはヴィンテージではなく、友人でもあるイタリアのスーパー・デューパー・ハットのプロダクツ。彼らもハンドメイドにこだわったハット作りが信条のブランドだ

ファッションのアクセントとして活用する大判のバンダナはついつい買い足してしまうアイテム。普段からシンプルなコーディネイトが多いため、ストールやバンダナなどを効果的に使う

愛用するリングはボリューム感のあるタイプが好み。これは彼と同じくハンドメイドにこだわってアクセサリーを製作するファイン・ライト・トレーディング製

アメリカのストアブランド「シアーズ」のヴィンテージ・レザージャケットはサイズ、コンディションともにお気に入りのアウターのひとつ。おそらく1960年代のプロダクツだと推測

クラシカルなベストは彼のトレードマークのひとつ。アクセントにヴィンテージ・ナバホのシルバーでカスタムしているところが彼らしい。Tシャツの上にラフに着るスタイルが多い

古いレザー製ケースのなかにサンタ・マリア・ノヴェッラのポプリを入れたインテリア。旅に行くときは、中央に置かれたクルミを使ったケースに入れて持ち運ぶのがスタイル

(↓) category

HOME

Max Poglia

レザーを使ったトレイにブラス製のナッツクラッカーがテーブルの上に鎮座。ちょっとしたアイテム選びにもマックスのセンスがうかがえる。レザーと金属という素材が鍵だ

陶器とコルク、それにレザーを使った雰囲気が気に入って手に入れた瓶は、自宅のミニバーに置いてインテリアとしても楽しんでいるアイテム。ひとつひとつにこだわりを感じる

昔ながらのモノ作りを感じるプロダクツを好むだけに、シンプルなスタイルながらそれぞれのアイテム選びが興味深い。愛用するスウェードのブーツもあえてオイルを塗って加工している

レザーや真鍮の小物で本質的な美と機能を追求。

LIBERTY ART BROTHERS デザイナー／ラファエル・ラジーニ

LIBERTY ART BROTHERS Designer

Rafael Lazzini

BEAUTIFUL HANDCRAFTED ACCESSORIES.

ラファエル・ラジーニのアクセサリーは、ハンドクラフトで丁寧に制作されていることが特徴だ。実の兄とパートナーシップを結び、タフでいてクラシックなデザインを提供。機能美とファッションを融合させ、スタイリッシュで長く使えるブランドとしての地位を確立した。プロダクトには、生産地であるサンパウロとニューヨークのアティチュードが感じられる。

His signature is making hand crafted accessories. He partnered with his brother to bring a rugged style to classic designs. Combining function with fashion, he has created a brand that is stylish and reliable. His style reflects the attitude of where his clothes are produced.

Photo by Lisa Kato 加藤里紗　Text by Azumi Hasegawa 長谷川安曇　https://lab-store.com

長く愛せるデザインとクオリティが大事。

188センチの長身を生かして、16歳からモデルを始めたラファエル・ラジーニ。仕事柄、世界中を旅することが多く、その度に様々なファッションに身を包んできたが、やがて他の人の手によるものではなく、自身のスタイルを追求したくなったという。地元のサンパウロから、ミラノやパリ、スペインへと拠点を移し、2008年にはニューヨークへ。次第にペインティングや、グラフィティなど、アート作品を作るようになった。ある時、ウォレットチェーンがよく壊れてしまうことから、ふと自分で作ってみようと、レザーとビーズショップに行き素材を購入。革ひもに、エチオピアやマレーシア、アフリカ産のビーズを埋め込んだチェーンを完成させた。

それを見た周囲の人々が、自分も欲しいと言い出して、いつからかオーダーが入るように。そこで兄のアレクサンドレといっしょに、2012年に「LIBERTY ART BROTHERS」を設立。サンパウロに旗艦店を構え、現在ではレザーのベルトや財布、エプロンやバッグ、真鍮を使ったジュエリーなど、100種類以上のアイテムを展開する。

「生まれた時代を間違えたのではないかというほど'50〜'70年代のものが好き」と、ラファエルは笑う。ものを選ぶ基準はキャラクターとスピリットがあること。そんな宝物を求めては、国内外のヴィンテージショップに足を運ぶ。またバイクカルチャーも大好きで、バイクで毎日ブルックリンを駆け抜ける。自身のファッションスタイルは武骨でありながら、クラシックでウエスタンな雰囲気だと語る。

「機能性も重要。自分のブランドでも心がけていることだけど、長く使えるデザインとクオリティを重視してるんだ」ラファエルのスタンダードは、持ち物でもブランドでも一貫しているようだ。

Profile

ブラジルのサンパウロ出身。母がブラジル、父がイタリア人で16歳の時からモデルとしてのキャリアをスタートし、2008年にニューヨークへ。2012年には兄のアレクサンドレとともに「LIBERTY ART BROTHERS」を設立。レザーアイテムやメンズのファッションを展開する

ブルックリンのグリーンポイント地区在住。モデルをしていない時は、自宅でウォレットチェーンなど、ハンドメイドでプロダクトを制作。モーターサイクルを交通手段として使っているので、ほぼ毎日乗っている

1.以前RRLで働いていた友人ケビンがオープンした、ブルックリンのヴィンテージストアで購入したベンチ。彼のお店は素晴らしいアイテムが揃っている。ベッドの横に置いて靴を履くときのベンチとして使用。2.ROLEXのオイスター・パーペチュアルは1970年代のヴィンテージ。「ブルーのフェイスがとても美しく、クラシックなデザインで何にでも合う。カッコつけすぎていないところがお気に入り」 3.チャイナタウンのタトゥ用品ストアで購入したタトゥマシン。自分で足にガイコツとバイクのタトゥを彫ったことも。4.ハンブルクで購入した「F. Bechschmid」社の懐中時計。18世紀のアンティークだけど、まだしっかり動く。5.Triumphのモーターサイクル「Tiger 750」は1975年製のヴィンテージ。バイクに乗るのは趣味でもう1台を所有している。6.先出のケビンのお店で購入したネイティブ・アメリカンの写真。「良いエナジーを運んでくれるから、これがないと寝れない！」と

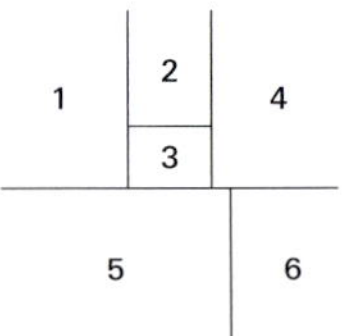

テレビも全く見ないラファエルは音楽もレコードプレーヤーで聴くそう。ブルックリンのレコードストア、アカデミー・レコーズで見つけたエルヴィス・プレスリーのアルバム。ライブミュージックも好き

近所にあるモーターバイクショップ、インディアン・ラリーで買ったレザーのベルト。バックルはバイクがモチーフ。他では見つけられないユニークなアイテムがそろうから、大好きなショップのひとつ

「Rising Sun & Co」のベストはデニムパンツとの相性が良く、ポケットがたくさんついているから、何でも収納できて機能的。曾祖母の形見であるフェニックスがモチーフのブローチを胸部分に装着

2年前にフランスのフリーマーケットで購入した、フランスのアーミージャケットのヴィンテージ。インディゴカラーが好きで、ポケットにハンカチーフを入れるとクラシックな印象になるという

Triumphのバイクに乗っているからと、友達がヴィンテージストアで見つけてプレゼントしてくれたTシャツ。デニムやカーキパンツとスニーカーを履くときにコーディネイトすることが多い

Belstaffのワックスド・コットンのモーターサイクルジャケット。本来は友達のジャケットだったが気に入ってしまい、頼みこんで売ってもらった1着。ヘビーローテーションで愛用中

オレンジとライトブルーのカラーコンビが気に入っているLIBERTY ART BROTHERSのヘルメット。カラーだけでなく、シェイプも自身でデザイン

祖母が作った彫刻は、母から譲り受けた大切なアートワーク。祖母の作品に囲まれて育ったからか、ハンドメイドに興味を持つようになった

3年前にブルックリンで購入したAkubraのオーストラリア産のハット。ほとんど毎日かぶっているお気に入り。カジュアルなファッションに少しクラシックな要素を足したスタイルが好き

ハンドメイドで作ったLIBERTY ART BROTHERSの財布。内側のポケットにはヴィンテージのファブリックを使用。レザーを集中してカットする時が特に楽しい。チェーンの部分もレザー製

6年前にミートパッキング地区のジーンショップで買ったレザーのトラベルバッグ。飛行機内に持ち込めるサイズで、旅行に行く時に大活躍。丈夫でタフな設計で使い込むほど味が出る

ウィリアムズバーグの古着店「10ft. Single」で購入したFlorsheimのブーツ。プレッピー過ぎないファッションにしたいときに便利な一足。3年間履いているが、型くずれもない

ニューヨーク市内のヴィンテージストアで買ったAldenのシューズ。ロールアップしたデニムに合わせると、クリーンでドレッシーな印象に。履きやすくて、服を選ばないデザイン

上はターコイズが入ったスターリングシルバーの指輪はナバホスタイルのデザイン。下はネイティブ・アメリカンや馬、目がモチーフになったLIBERTY ART BROTHERSのリング

時代やムーブメントを象徴する物をコレクト。

KRAMMER & STOUDTクリエイティブ・ディレクター／マイケル・ルビン

KRAMMER & STOUDT Creative Director

Michael Rubin

VINTAGE STYLE MEETS THE MODERN DAYS.

**自身が体験した1970～1980年代のカルチャーと、ヴィンテージクロージング、
それにネイティブ・アメリカンに受け継がれるカルチャーやアクセサリーが、
ファッションデザイナーとしてのマイケル・ルビンを生み出した源流。それは彼のアイテム選びにも反映される。**

**Fashion designer, Michael Rubin's greatest influences come from growing up in '70s and '80s.
He also takes inspiration from vintage clothing and artwork of the era.
His style is reminiscent of native American jewelry and the American frontier.**

Photo by Lisa Kato 加藤里紗　Text & Translation by Azumi Hasegawa 長谷川安曇　http://www.krammer-stoudt.com

時代やカルチャーが好きなモノのキーワード。

「ムーブメントや時代、カルチャーの影響を受けているものが好きです」と、語るのは「KRAMMER & STOUDT」の設立者でクリエイティブ・ディレクターのマイケル・ルビン。生まれ育ったカリフォルニアのサーフカルチャーや'70年代のアート、'80年代のパンクロックを彷彿するようなモノに魅力を感じ、サーフボードやシガーケース、'80～'90年代のロックTシャツをコレクションしている。カリフォルニア州のロングビーチや、別荘があるニューメキシコ州で、ウエスタンスタイルのヴィンテージを収集し、ネイティブ・アメリカン・ジュエリーも10年ほど集めている。フリーマーケットや、スリフトストア、ヴィンテージショップはもちろん、クラフトフェアなどにも足を運ぶ。「どんな音楽を聞いているかによって、好きな物やデザインする服のテイストも変わってきます。最近はブラック・サバスやメタリカをよく聞いているから、自身でデザインするコレクションもどこかダークになってきました」と、マイケル。また大切な友達がくれたプレゼントや、思い入れがあるものは、ずっと長く大切に使う。「あまりにも長く使うので、自分の持ち物がすべてヴィンテージになってしまいました。買った当初は新品だったけど」と笑う。亡くなった義理の兄から譲り受けたギターや、オーナーが友達で、今はニューヨークから移転してしまったシガーバー、「シガーズOK」で買ったヒュミドールなど、大切な人の思い出が詰まっているものは大事にし、インスピレーションの源にもなっている。

最新コレクションはドイツ出身のアーティスト、マーカス・ルパーツの'80年代の作品がアイデアのもと。メンズコレクションではニューヨークタイムズ紙に絶賛され、これからがますます楽しみだ。

Profile

カリフォルニア州オレンジカウンティで育つ。ディズニーのセットの風景画家の仕事を経て、2012年に自身のブランド「KRAMMER & STOUDT」を設立。南カリフォルニアのサブカルチャーや、パンクロック、アートスクールで学んだファインアートなど、自身の経験をもとに服をデザインする

ダウンタウン・ブルックリンの自宅ロフトで、義理の兄の遺品のギターを弾くマイケル。普段のファッションは自身のブランドの服にRALPH LAUREN やLEVI'S、ヴィンテージのアイテムをミックスしたスタイルだ

好きなアーティストやミュージシャンのスタイリングをしたら、どんな服を着せるか、という考えを派生させて、そこからデザインを思いつくこともあるそう。旅行やヴィンテージの服、追憶もデザインソースだと語る

マイケルにとって、親友というべき存在の愛猫、チェスター。カリフォルニア出身、5歳。フレンドリーな性格で、マイケルのあご髭とじゃれるのが好き

義理の兄の遺品である、Silver Toneのアコースティックギター。兄はたくさんのギターを収集していた。彼を偲んで、公園や家で時々弾く。センチメンタルなアイテム

20年前に購入したFenderのエレキギターとアンプ。とても性能が良く、上質な音を奏でる。「当時は新品で購入したのに、今見ると時代を感じます」と、マイケル

アンティーク・ディーラーの友人がプレゼントしてくれたシガー用のヒュミドール。フタの内側にはラム酒をたらすためのポケットが設置してある

セックス・ピストルズ脱退後、ジョン・ライドンが結成したグループ「パブリック・イメージ・リミテッド」のレコード。大ファンだったから、今でも大事に取ってある。音楽はもっぱらレコード派で、自宅でレコードプレーヤーで鑑賞している

「シガーズOK」で購入したシガーの空き箱。「中にあったシガーは全部吸ってしまったけど、思い入れがあるから箱はキープ。少量生産のグルメなシガーだったそう

トーキング・ヘッズのスタジオアルバム「Speaking in Tongues」。有名デザイナー、ロバート・ラウスチェンバーグが手がけたデザインで、パッケージもクールだ

ペンシルバニア州に引っ越してしまった、伝説的なシガーバー「シガーズOK」に飾られていたペインティング。移転時の2015年5月に譲り受け、以来大事に自宅に飾っているという

NYで開催されたインスピレーション・ショーで購入した'90年代のロブ・ゾンビのバンドTシャツ。'80年代〜'90年代のロックTシャツは最近始めたコレクション。マイケル自身、かつてパンクバンドを組んでいた

「シガーズOK」の地下室をスタジオとして使っていたアーティスト、ヴィクター・ドラクルのペインティングを元にデザインしたKRAMMER & STOUDTのボウリングシャツ

葉巻用のヒュミドールは「シガーズOK」で購入。「手触りも良く、見た目もクラシック。温度や湿度の変化に弱いシガーをしっかり守ってくれるので機能的。大のお気に入りです」と、マイケル

親しい友人で、KRAMMER & STOUDTのショーのセットも手がけてくれたアーティスト、ギャビン・ベイカーが作ったシガーズOKの本。表紙はタバコの葉からできている、凝ったデザイン。ケースの装飾も美しい

マイケルがほとんど毎日かぶっている、Stetsonのハット。テキサス州オースティンで、8年前に購入した。同じタイプのハットを元大統領のリンドン・ジョンソンがかぶっていたという

年に2回帰るカリフォルニアや、ニューヨーク近郊のビーチでサーフィンする時の友、Mandalaのサーフボード。8年ほど使っている。以前は多く所有していたが、最近はこれ一本だとか

イタリアで行われるメンズファッションの展示会「ピッティ・ウォモ」に行く際に、つけていくように友達がくれた懐中時計。19世紀初頭創業の歴史あるH. Moser & Cieのレアなアンティーク

サンタフェで開催される、ネイティブ・アメリカン・ジュエリーの最古で最大のマーケットで購入したシルバーとターコイズのボロタイ。これがきっかけで、ネイティブ・アメリカン・ジュエリーを集めるように

6年前にサンタフェで見つけたイタリア製のDonald Plinerのローファー。「ビーズがあしらわれていて、涼しげなデザインなので夏に素足ではくのにぴったり。婚約時に買って、結婚式に履きました」と、マイケル

ラスベガスで購入したナバホ・デザインの時計がはめこまれたバングル。「数十ドルで販売していましたが、お店のオーナーはこの価値をわかっていなかったと思う」と、マイケルは笑う

ナバホスタイルのベルトのバックル。ニューヨークに住んでいた友達が故郷のトロントに帰る時にお別れの印にくれたプレゼント。ターコイズとコーラルが埋め込まれているデザイン

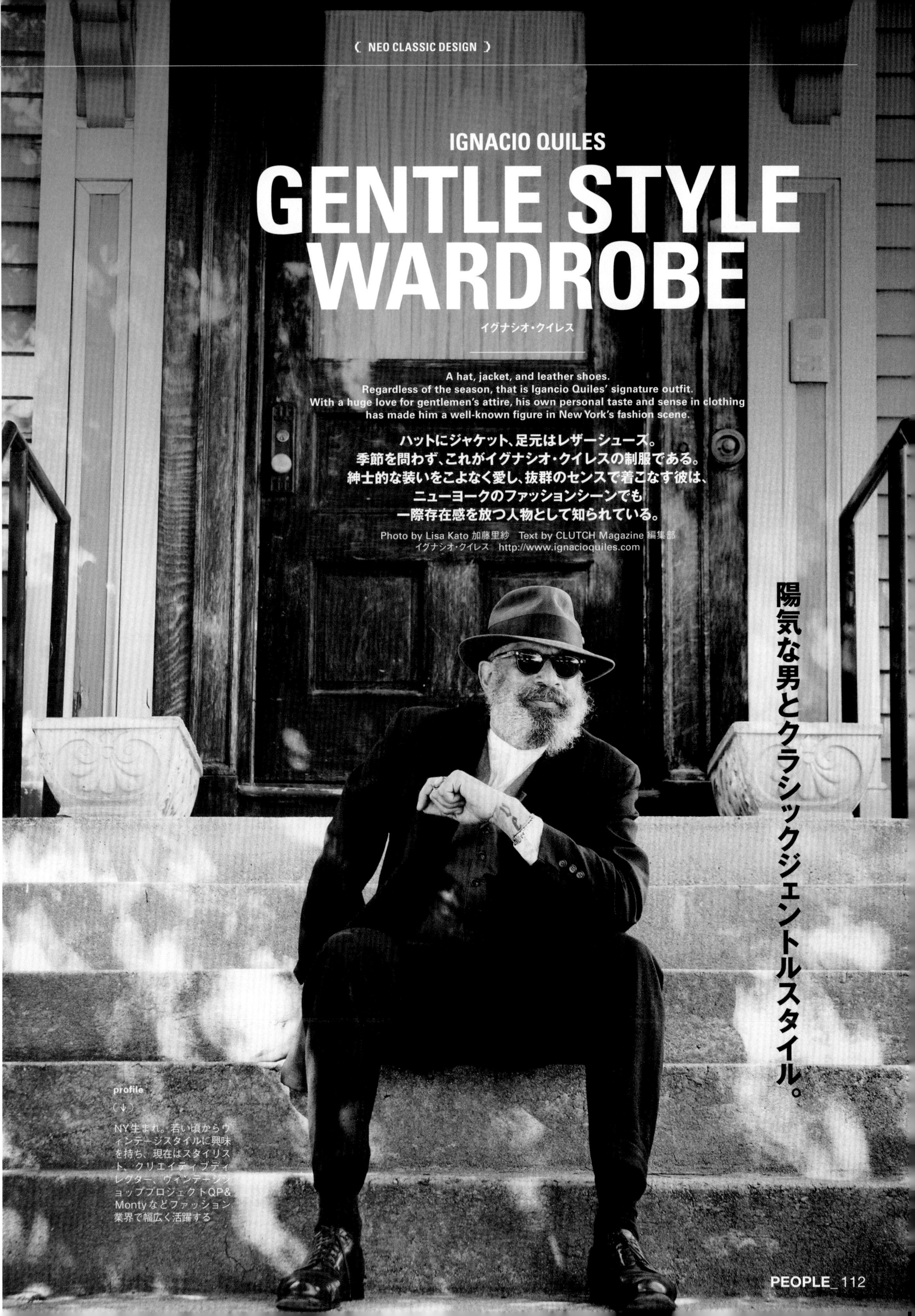

IGNACIO QUILES

GENTLE STYLE WARDROBE

イグナシオ・クイレス

A hat, jacket, and leather shoes.
Regardless of the season, that is Igancio Quiles' signature outfit.
With a huge love for gentlemen's attire, his own personal taste and sense in clothing has made him a well-known figure in New York's fashion scene.

ハットにジャケット、足元はレザーシューズ。
季節を問わず、これがイグナシオ・クイレスの制服である。
紳士的な装いをこよなく愛し、抜群のセンスで着こなす彼は、
ニューヨークのファッションシーンでも
一際存在感を放つ人物として知られている。

Photo by Lisa Kato 加藤里紗　Text by CLUTCH Magazine 編集部
イグナシオ・クイレス　http://www.ignacioquiles.com

陽気な男とクラシックジェントルスタイル。

profile
(↓)
NY生まれ。若い頃からヴィンテージスタイルに興味を持ち、現在はスタイリスト、クリエイティブディレクター、ヴィンテージショッププロジェクトQP&Montyなどファッション業界で幅広く活躍する

GENTLE STYLE WARDROBE
IGNACIO QUILES

2	1
4	3

1.イグナシオの自宅の一角。イエス像やマリア像、地球儀、ブラックパンサーなど、ヴィンテージの小物が賑やかに並ぶ　2.壁一面に飾られた様々な形のクロス。芸術性を感じるディスプレイ　3.部屋の壁はアート作品も多数飾っている。イグナシオはアーティストの支援活動も行っている　4.知人のアーティストが製作した、イグナシオの像。自分に似ているのでかなり気に入っている

青年期にはすでにスーツに傾倒していた。

イグナシオ・クイレスに初めて出会ったのはニューヨークのファッションショートレードショーだ。クラシックなスーツに身を包み、陽気に笑う彼の姿からはタダ者ではないオーラが出ていた。一体どんな人物なのか、彼のバックボーンやライフスタイルを知りたいと思い、ロードアイランド州プロヴィデンスの自宅を訪ねた。

「私はニューヨークのハーレムとロウワーイーストサイドで育ちました。大人たちがワードローブの中で一番良いスーツを着て、週末の街へ繰り出す姿に憧れました。

各界の著名人が愛用するメゾン、ブリオーニのウンベルト・アンジェローニ著『The Boutonniere: Style in One'sLapel』。ラペルに挿す花（ブートニエール）について書かれた書籍だ

それが私の初めてのファッション、そしてスーツにまつわる経験でした。また、昔の映画を放映する『Million Dollar Movie』というテレビ番組があり、俳優たちのクラシックな着こなしを見てタイの結び方を覚えたものです。鑑賞を重ねるたびに、モノクロの映画でも段々とスーツの色味の違いがわかるようになりました」

イグナシオがこの時期を過ごしたのは、1960年代のこと。その熱は以後も冷めず、ヴィンテージのスーツや小物を集めるため各地を回った。そのような経験を生かし、スタイリスト、モデル、クリエイティブディレクターなど、長年の間、多方面で活躍していることは当然なのかもしれない。

「今でも近所のデリへ行くにも私はスーツ。人は不思議に思いますが、私には自然なことなのです。スーツを着るうえでは、自分の肌の色を健康的に見せる色、適切なウエストやパンツ丈などを知ってコーディネイトすることが重要でしょう。着ることを楽しみ、どんどん外へ出かける。それがファッションの醍醐味だと思います」

ファッションはビシッとスーツひと筋だが、生き方は柔軟。そんな姿勢が、イグナシオを魅力的に見せる。

小さなラペルがカジュアルな印象のイタリア製のスーツに、なんとイグナシオ自身がペイントを施した。世界でひとつだけのジャケットだ

'70年代のイヴ・サンローランのジャケットは、ラペルの太さと深いベンツが気に入っている。ウエストのシェイプも特徴的だ。派手な色も気にせず着る

GENTLE STYLE WARDROBE

IGNACIO QUILES

部屋ではレコードを流す。レコードの音質やトーンは、肌触りの良い生地を触るような感覚を味わえて好きなのだという。服好きのイグナシオらしい表現

『DRESSING THE MAN』はイグナシオのバイブル的書籍。スタイリッシュな着こなしをするために、しかしファッションだけに溺れないよう、男にとって必要なことを詳しく解説している

時にはヴィンテージのダスターコート
を着てカジュアルダウンする時もある。
それでもインナーにはベストを合わせ、
あくまでクラシックに

GENTLE STYLE WARDROBE

IGNACIO QUILES

歴史ある英国紳士靴の代表的存在、クロケット&ジョーンズのスウェードシューズ。ヴィンテージのスーツが多いだけに、靴は新品でバランスを取る

イグナシオの着こなしにハットは欠かせない。多数所有する中でも、現在のお気に入りはこちら。上が'50年代、下が'60年代のもの

一番下に置いた'40年代フランス製のグリーンのメガネを筆頭に、ポップなアクセントをつけるためアイウエアはバリエーション豊富にコレクションする

大量にコレクションしているタイピンやカフリンクスから、イグナシオのスーツへの熱狂ぶりがより伝わるだろう。タイピンは幅の広いものほど年代が旧くなる

blluemade

ALEX ROBINS & LILLY LAMPE

今も昔も、職人という存在を大切にする国。

Photo by Lisa Kato 加藤里紗　Text by CLUTCH Magazine 編集部
blluemade　http://www.blluemade.com

最高品質の生地と昔ながらの製法を用い、ヴィンテージからヒントを得た普遍的なウエアを展開するニューヨークブランドblluemade。アレックス氏とリリーさん夫妻が手掛けている。ブランド名にl（エル）が続いているのはリネン素材を基本としているからであり、その響きからもわかるようにインディゴブルーへの探求心も深い。ファッションであると同時にクラフトでもある彼らの洋服作り。それには日本も影響しており、スタジオにはこれまで集めてきた新旧のジャパンプロダクツが。「日本のモノ作りは、伝統的な職人の技術を大切にし、新しい製品にも応用する点に感心します。人間国宝という概念も大変興味深いものです」

Using the highest quality fabrics and traditional manufacturing methods, New York brand blluemade takes hints from vintage items to produce universal garments. The brand was founded in 2015 by husband-and-wife team Alex Robins and Lilly Lampe. The extra "l" in blluemade is a reference for linen, which is central to the brand philosophy and their love of indigo blue. Their garments combine elements of fashion and craftsmanship. Heavily inspired by Japan, the couple's studio is filled with old and new Japanese products. "Traditional craftsmen pay respect to Japanese manufacturing techniques, and apply them to modern products. The concept of living national treasures is also extremely interesting."

TRUSCOの工業用ツールボックスは、インダストリアルプロダクツならではのタフで無駄のない機能性で家庭用としても人気。アレックス夫妻はヴィヴィッドな赤と青を選び、これらをソーイングボックスとして活用。たっぷりと収納力があり気兼ねなく使えて、アメリカのインテリアにも自然にマッチする普遍的なデザインが気に入っている。フィラデルフィアにあるジャパンプロダクツを扱うショップのオンラインで購入した

右は月兎印のホーローポット。プロダクツデザイナーが考案した独特のフォルムが、美味しいコーヒーを淹れられるとロングセラーを記録。金属にガラス質の釉薬を焼き付けた材質であるホーローも、今では時間と職人の技術が必要とされる貴重なもの。左はSatoshi Yasujima & Tomoko Hondaという二人の作家が作った茶筒。伝統的な漆器の技術を応用しており、湿気の多い日本で茶葉を新鮮に保つ工夫がされている

多くの海外のクリエイターから注目されている日本の古布、襤褸。そのままの読み方BOROは英単語として通じる。かつて、野良着や敷物、雑巾などとして何度も修繕して使われた布であり、日本の「もったいない」の文化を象徴する。「当時は必要性から手縫いでリペアをしていたに違いありませんが、それが今となっては、生み出しがたい魅力的な模様に。無数にあるパターンも、デザイナーの創作意欲を刺激しますね」

我々日本人が旧い洋書・洋雑誌のクラシックなデザインや写真に惹かれるように、アレックス夫妻も広島を旅行した時に骨とう品店の店先で見入ってしまった昔の日本の雑誌。「まったく内容を読めないのが残念ですが……独特のタイポグラフィやイラスト、グラフィックデザインは見ているだけでも面白いですね。また、左の野球のように、海を越えて同じ文化が楽しまれていたという事実も何だか心が温まります」

ヴィンテージパイプが趣味のアレックス氏。岡山県・倉敷市の雑貨ブランドClassikyのレザーケースに収納している。派手ではないが革の味わいとハンドメイドの温もりを感じるプロダクツ。スタイリッシュなライターは、1952年に創業した東京の喫煙具＆小物ブランド、坪田パールのもの。どちらもニューヨークやサンフランシスコのセレクトショップで購入した。彼らは日本人以上に、日本の良質なブランドを知っているかも

イサム・ノグチが提灯にインスパイアされて1950年代に発表したAKARIシリーズのライト。和紙を用いたはかなげなデザインは、時代を問わない美しさがある。「クイーンズにあるノグチミュージアムは、ニューヨークの美術館の中でもとりわけ美しい場所だと思います。彼はアメリカでは、アーティスト・デザイナーの両分野で著名な人物」。グリーンやタイダイ染めの布と合わせたコーディネイトにも注目

ソーホーのBLUE IN GREENで購入した桃太郎ジーンズのデニムは、約3年間穿いている。フィット感が気に入っており、まだまだ穿きたいと意気込む。また、よく見るとわかる生地の構造や細かなステッチワークは、ファッションとして着る以上に教えてくれることが多いという。インテリア、雑貨、洋服などジャンルを問わず、ジャパンプロダクツは夫妻にとって、クリエイティブ性に富んだ造形作品のような存在なのだろう

これまでに見せてもらったインテリアや小物の他、ワードローブにもジャパンブランドが並んでいる。KAPITALのジャケット、IRON HEARTのベスト、The REAL McCOY'Sのスカーフ。どのブランドもメイド・イン・ジャパンにこだわり、それぞれ独自の世界観を確立している人気のブランドだ。また、トレンドよりも長く愛用することに重きを置いた作りは、アレックス夫妻のblluemadeの世界観とも共通する

BLUE IN GREEN

RYAN CHUNG

メイド・イン・ジャパンほどディテールに気を使っているものはない。

Photo by Lisa Kato 加藤里紗　Text by CLUTCH Magazine 編集部
BLUE IN GREEN　http://blueingreensoho.com

マンハッタンのソーホーにあるセレクトショップBLUE IN GREEN。ニューヨークで、デニムなど日本のカジュアルブランドを買うならばまずはココ、という有名店だ。マネージャーを務めるライアン氏は、これまでアメリカのいろいろな店で働いてきたが、BLUE IN GREENで扱う商品には「疑いなく素晴らしい。全体的なデザインからディテールまで、細心の注意が払われている」と太鼓判を押す。1点1点に愛着を持って着ているため、余計なアイテムを足さなくても十分カッコいい。洋服以外ではどう？　と聞くと、最近はFUJIFILMのプレミアムラインであるXシリーズのカメラが気になっているそうだ。

BLUE IN GREEN is a select shop located in the Sohoneighborhood of Manhattan. It is well known among fans for being the go-to spot to purchase Japanese denim and other Japanese casual brands. Ryan, who serves as the manager of the store, has worked in various shops around America in the past, but considers the products carried by Blue in Green to be excellent in terms of overall designs and attention to details. With a strong attachment to the clothing that he wears on an everyday basis, there is no need to add excessive accessories to make his outfits stand out. When we asked him what his other recent passions were aside from clothing, he replied that he is currently interested in FUJIFILM's premium X Series cameras.

シャツは取り扱いブランドのひとつである桃太郎ジーンズのもの。「ウォバッシュを刺し子の要領で表現しているんだ。そのアイデアが面白いよね。2年間着てインディゴが随分褪せてきたよ」。パンツは日本製のショップオリジナルレーベル

穿き始めて1年半になるONI DENIMのジーンズ。業界で長いキャリアを持つ職人が手掛けている、ややミステリアスだが海外から注目されているブランドだ。こちらも取り扱いのひとつ。「最初の3カ月は、1カ月に1回のペースで水に漬けて洗った。ザラ感があって、最初はハードだけど段々と馴染んで柔らかくなっていく生地は病み付きになるね」とプレミアムデニム好きらしいコメントをくれた

ファッションはシンプル派のライアン氏。夏のアクセサリーは、大ぶりのシルバーモチーフよりも気軽で、どんな洋服にもつけられるビーズタイプが好き。こちらもショップで取り扱っているブランドFIRST-ARROW'sのもの。様々な好みに対応するラインナップの幅広さも魅力のひとつだ。「何となくだけど、整然と並んだ赤いビーズの中に通された小ぶりのシルバーがタマゴみたいに愛らしくて、愛着が湧くんだ。特に僕はタマゴが好きだからね（笑）」

BLUE IN GREEN

8 Greene Street New York, NY 10013
11AM–8PM (Mon-Sat)
12PM–7PM (Sun)
Tel.212-680-0555
http://blueingreensoho.com

日本の伝統技術を用いて芸術的なウエアを生み出すKAPITALは、ヘリテージやヴィンテージ好きはもちろん、モダンファッション派をも魅了し世界に名を馳せている。ショップの人気ブランドのひとつだ。ライアン氏はコーディネイトのポイントになるストールを愛用している。「まったく新しい視点でヴィンテージデザインをアレンジしたり、KAPITALはどのアイテムにも遊び心がある。それに細かなところまで表現力が高いよね」

MELISSA HOWARD

STOCK VINTAGE Owner

from
New York

MELISSA HOWARD
メリッサ・ハーワード

アメリカ・ミシガン州で育ち、ニューヨークのイーストヴィレッジ地区に2006年、ストック・ヴィンテージをオープン。世界中のヴィンテージディーラーや有名ファッションデザイナーなど業界の重鎮たちとも親交が深い

メンズヴィンテージビジネスで成功を収めた女性。

**世界で一番エキサイティングでスリリングな街、ニューヨークで
ひとりの女性が開いたヴィンテージストア「ストック・ヴィンテージ」が
街で1、2位を争う優れた店として高い評判を集めている。
その女性の名前は、メリッサ・ハーワード。
彼女は幼い頃から培ってきた知識とセンスで、今日も第一線を走り続けている。**

Stock Vintage is one of the most highly praised vintage stores in the world's most exciting city, New York. The lady behind this is the one and only Melissa Howard. Using her knowledge and eclectic taste she acquired during her youth, she continues to run the frontline in the fashion current.

Photo by Lisa Kato 加藤里紗　Text by CLUTCH Magazine 編集部
STOCK VINTAGE　http://stockvintagenyc.com

ニューヨークで圧倒的知名度を誇る店。

クラッチマガジンでは、世界の各都市にあるヴィンテージストアをこれまでに数多く訪れ取材をしてきた。国の歴史やオーナーの趣味など、都市ごとに品ぞろえに特徴があり面白いものだ。例えば、ロンドンの多くのヴィンテージストアではクリケットジャケットや英国軍のヴィンテージウエアが見つかる。一方で、ロンドンを訪れた時にエンジニアブーツを探したことがあるが、アメリカや日本のようにはいかなかった。あるのは、バウンシングソールのレースアップブーツやジョッキーブーツが大半だ。イギリスには、ノーザンプトンでの伝統的な紳士靴作りに代表される独自のシューズカルチャーがあるからだろう。このように、その都市に行かなければ出会えないヴィンテージがあることは、ヴィンテージ探しの面白さのひとつである。今回取材したストック・ヴィンテージはニューヨークのマンハッタンにある。ニューヨークの特徴としては、世界の情報・流行の発信地であり、一年中ファッション業界人が集う場所であるため、厳選されたヴィンテージをそろえているショップが多いという点だ。逆に言えば、お手頃価格で思わぬ掘り出し物を発見！という風潮ではない。そのような激戦区において、ストック・ヴィンテージの知名度は圧倒的である。つまり世界を代表する店のひとつといって

インダストリアル調の什器も、すべてメリッサのセレクトによるもの。一見しただけで信頼のおけるヴィンテージストアであることがわかるだろう

STOCK VINTAGE
143 East 13th Street, New York, NY 10003
Tel.212-505-2505
11AM-6PM(Mon-Fri) 12PM-6PM(Sat,Sun)
http://stockvintagenyc.com

ストック・ヴィンテージはマンハッタンの南東部、イーストヴィレッジ地区にショップを構える。重厚な木製のドアが目印だ。大抵の場合、メリッサの愛犬ヘイゾも出迎えてくれる

も過言ではない。しかも驚くべきは、メンズヴィンテージウエアを中心に扱うショップだが、オーナーは女性なのだ。――メリッサ・ハーワード。彼女こそ、成功と失敗が隣り合わせの街ニューヨークでストック・ヴィンテージを開き、確固たる地位を築き上げた女性である。

　ストック・ヴィンテージには、前述の通り、年代も希少性もコンディションも良質なヴィンテージウエアがそろう。店のセレクトに偏りを持たせない事がメリッサの方針であり、店内にはレザージャケット、カレッジスウェット&Tシャツ、ジーンズ、ワークブーツなど定番が多い。簡単に手が出るプライスではないが、どれも資料的価値が高く、ファッションデザイナーやヴィンテージコレクターたちが足繁く通っている。ここ数年は、1940年代以前のウエアに注目が集まっているそうだ。確かに近年、アーリーセンチュリーのスタイルが隆盛を見せているのも事実。クリエイターたちが過去の傑作からインスパイアされ、現代に再構築されるという循環の図式が見えてくる。また、ディスプレイにはヴィンテージ什器を使用しており雰囲気抜群。商品を手に取りやすいすっきりとしたレイアウトも良い。とにかく、どこをとっても完成度が高い。この店をひとりで立ち上げ成長させたメリッサに、底知れぬパワーとセンスを感じた。しかしメリッサの生い立ちを知れば、それは一時的なものではないことがわかる。さらに彼女は幸運をも味方につけ、世界的なメンズヴィンテージストアのオーナーになるべくしてなったのだ。

ライダースジャケットにトラウザーズとマニッシュな着こなし。ジャケットは元々夫婦用に2枚あり、旧い写真から妻の方が着ていたモノと判明。1930年代のハーレーダビッドソン製である

CLUTCH
people
file

アメリカと言えばデニムパンツにワークブーツ。デニムは王道ブランドからストア系マイナーブランドまで多数そろえる。この色みや風合いを見ると、ヴィンテージの良さを再認識する

非常に整理されたTシャツ＆シャツコーナー。1枚1枚をしっかりと見ることができるボリュームに抑えてある点が嬉しい。女性でも着ることができる小さめのサイズも多い

ここ数年人気が高いというアーリーセンチュリーのシャツやトラウザーズ。こちらは1900年代のヘンリーネックTシャツ。ダメージや色あせはあるものの、当時にしか出せない独特の雰囲気がある

右は'40年代のシカゴのチームのペナントで、左はUS NAVYのウォレット。ウエアの他グッズ類も充実しており、ヴィンテージウエアとの年代やデザインとも統一感のあるラインナップとなっている

'40年代のハドソンズベイのコート。ハドソンズベイといえば白地に緑・赤・黄・紺のボーダーが代名詞的デザインとして有名で、この2枚は比較的珍しいなパターンだ。コンディション抜群で、発色の良さが際立つ

母から学んだ事を活かし いざ勝負の場所へ。

「母が地元のミシガンでヴィンテージストアを営んでいます。とてもセンスのいいお店で、主に扱っているのはインダストリアル系のファニチャーとハイエンドブランドの洋服。私は12歳の時から母のお店を手伝い始めたので、ヴィンテージビジネスを間近で見ることができました。営業方針、顧客との付き合い方、長く人々に興味を持ってもらえるお店づくりの方法など、母の姿から学んだことは今の仕事に大いに影響を与えています。それにトムボーイ（おてんばでボーイッシュ）だったから、女の子より男の子の洋服ばかりに興味を持っていて、絵を描くのもメンズファッションばかり。その時から今まで、メンズウエアに対する興味が途絶えたことはありません。私はストック・ヴィンテージを開く前から、フリーマーケットなどでヴィンテージを売っていました。いよいよ自分のお店を持ちたい、と思い始めた頃、実はニューヨークで出店のつもりはなく、ミシガンで開こうと思っていました。そんな折、今のストック・ヴィンテージの場所で22年間

'20年代のデッドストックオーバーオール。コシのあるインディゴ生地が最高だ。生地の裏にはキャントン・ミルズ製であることを示すCAが印字されている

ローレンスというメーカーの'50年代のホースハイドレザージャケット。ベルトや袖周りなどに、前オーナーがスタッズカスタムをしていたと思われる跡が残る

アンティークのお店を営んでいた知り合いが、『引退するからスペースを譲る』と連絡をくれました。とても不安だったけど、せっかくの機会だから勝負することにしました。今から10年前のことです。そして2006年に無事オープンできました。それからはいっそう仕事ひと筋の生活。趣味はヴィンテージ、仕事もヴィンテージ、という感じ。メンズウエアがこれほど私にとって面白いのは、人々のライフスタイルを振り返ればわかります。女性がお洒落の主導権を握って以降、男性のクローゼットは女性のそれと比べて小さく、一般的な男性に必要なのは5着ほどのスーツと、週末用のカジュアルウエア。しかもレディスのように高価なモノも少ないからすぐに捨てられてしまい、現在に残っていないのです。そのためメンズのヴィンテージウエアはレディスよりも見つけるのが難しい。言い換えれば、それだけチャレンジする楽しさがあるということです。10代の頃からこの楽しさに惹かれ、エステートセールやフリーマーケットに通い、年代や素材を勉強しました。この宝探しは、なかなかやめられません。仕事で大切なのは、興味をもつことと学ぶこと。これに尽きます」

WAREHOUSE

**メリッサは約4年前、ブルックリンにウエアハウスを設けた。
ここではヴィンテージウエアの在庫の他、ディスプレイも保管している。
アポイントを取れば、客として訪れることも可能だ。**

海沿いのブルックリン・ネイビー・ヤードにウエアハウスを構えている。ここは1800～1900年の間に軍に使用されていた場所だが、現在はアートスタジオや中小企業がスペースを活用している事が多い

CLUTCH
people
file

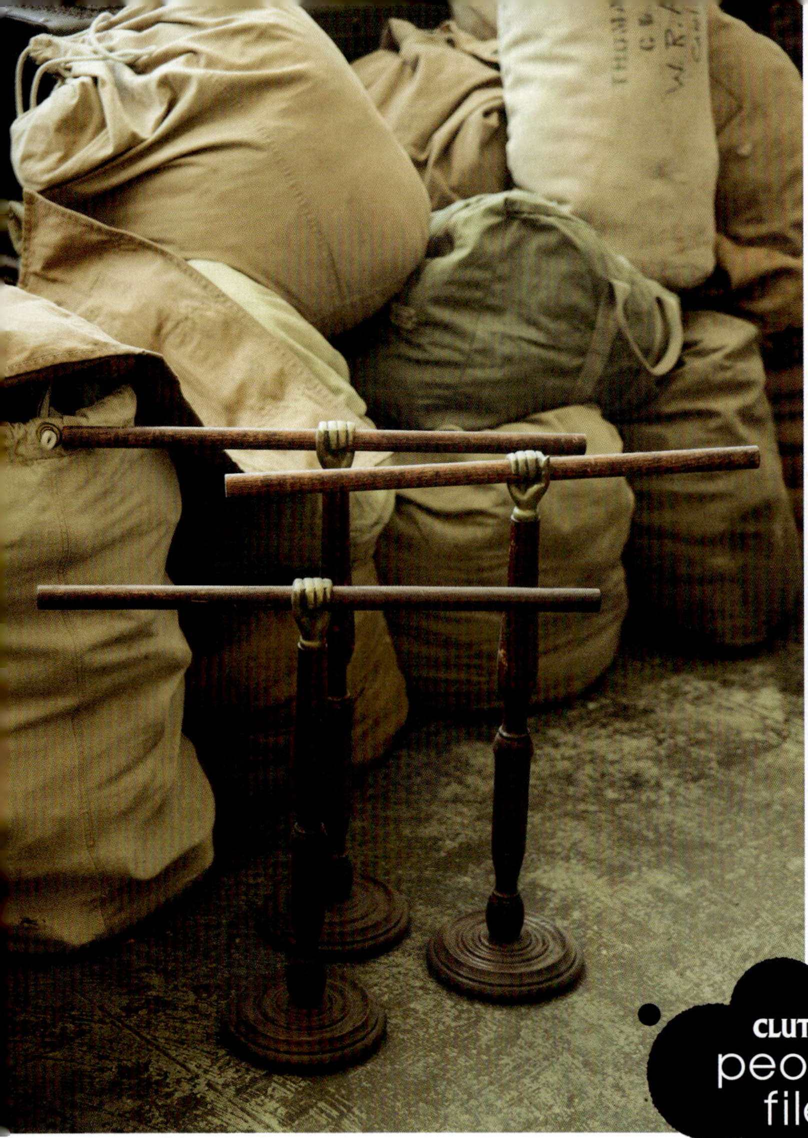

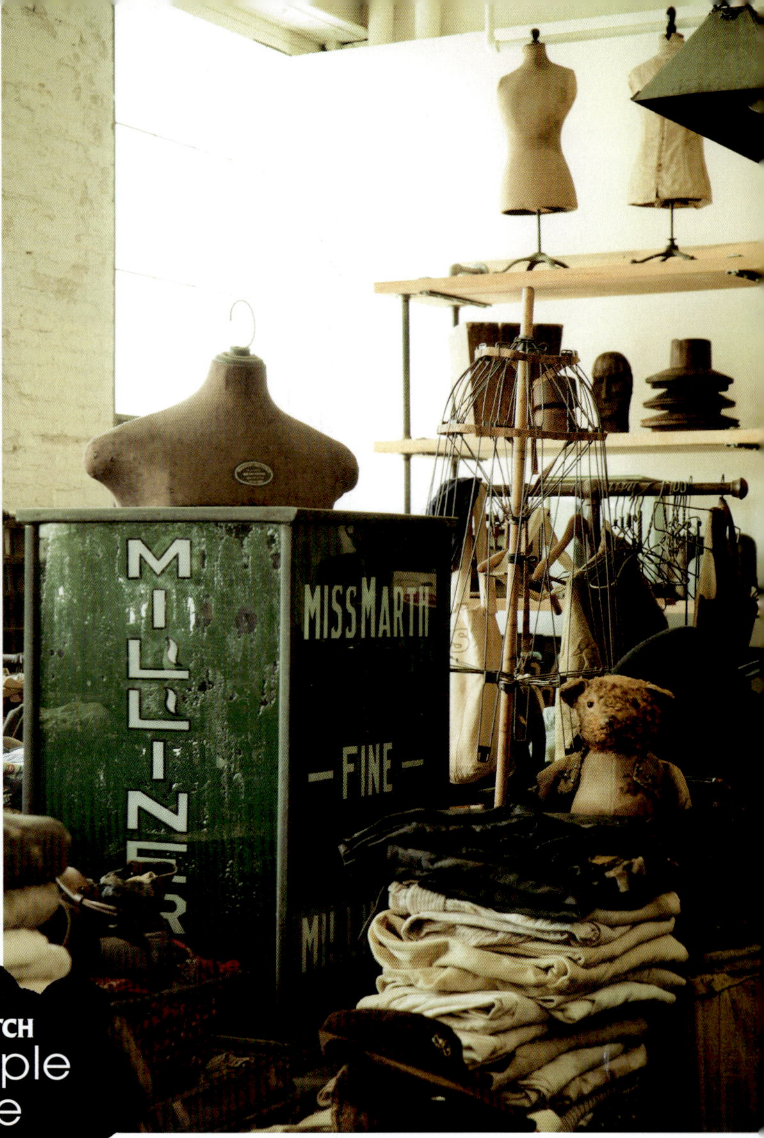

ヒトの手がバトンを持っているようなスタンドは、1900〜1910年代にタイをかけるバーとして英国で使われていた。アクセサリーなどをかけても良さそうだ

トルソーやサインなど、ショップの大型ディスプレイを多数保管している。これらの什器が店にあるかないかでは雰囲気が圧倒的に異なってくるだろう

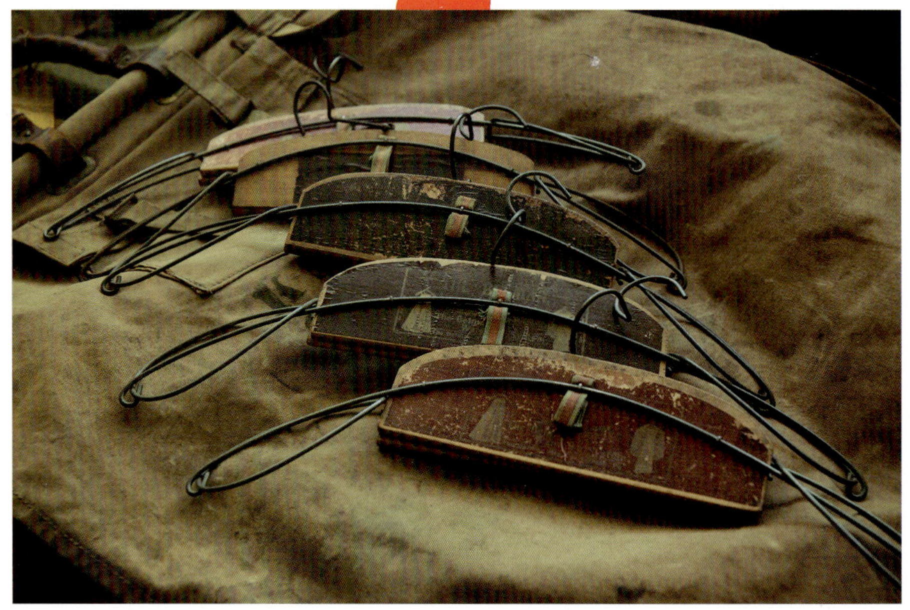

木製のボードが付いた珍しいヴィンテージハンガー。こちらも店で使えるように多数ストックしている。メリッサはショップの細かな箇所までヴィンテージで統一するのがこだわり

HOME

**「自宅も是非どうぞ」とメリッサに招かれた先には、
想像を超えるヴィンテージスタイルの空間が広がっていた。
アパート自体も、かなり旧い建物だという。**

アメリカの歴史を感じるものすべてが好き。

マンハッタンの人気エリアに店を構え、ブルックリンにウエアハウスを持つメリッサ。男性でも一目置く彼女のヴィンテージへの熱意はそれだけではない。なんと自宅もヴィンテージ一色なのだ。まるでショールームのような統一感と、細部までこだわりが敷き詰められた空間が広がっている。ここまでヴィンテージ好きの女性は、世の中にそういないだろう。

「お店では洋服を中心に売っていますが、私の興味の範囲はアメリカの歴史を感じられるモノすべて。そのため、洋服はもちろんですが、昔のアートや家具、小物、道具など身のまわりのモノもたくさん集めてきました。お店には置いていない個人的なコレクションもあります。例えば最近は販促用グッズやキッズサイズのヴィンテージに興味があるので、こつこつ集めています。子供用なのに、とても素晴らしい生地が使われていたり、何かと面白い発見があるのです。しかし実を言うと、幼少の頃は母が着せてくれるヴィンテージウエアや自分の置かれている環境が周りの友達と違っていて嫌だったこともありました（笑）。でも年齢を重ねて、今ではとても感謝しています。とにかくヴィンテージ探しが一番の楽しみですから。１００年も前

机の上には、クリップなどの小物が並べられている。「小物を集めるのも得意分野です。銃弾を溶かして作られた灰皿など、ほかに2つとない"個性"というべき個体差が素敵」

愛犬ヘイゾと過ごすリビングルーム。ほとんどがヴィンテージの小物や家具だが、素材感が統一されているうえ、ディスプレイのように整理整頓されており美しい。温かな照明も雰囲気を演出するに一役買っている

背もたれが独特の形をしているメリッサ曰く大変貴重なチェアと、エスニックな彫刻アートを並べたデスク。日頃からプライス表の整理などをここで行っている

のものが発掘されるなんて、とてもスリルがあるでしょう。最近は土地開発の関係で、以前よりもニューヨークのフリーマーケットの規模が小さくなってしまい残念。昔は、売り上げをブーツに隠さないと危ないほど売り買いが盛んだったのに……。でも、私はせっかくストック・ヴィンテージというお店を持てているのだから、情報収集や買い付けでどれだけ忙しくても、この仕事をずっと続けていきたい。それが私の夢でもあります」

メリッサが言うように、ヴィンテージとは一期一会の出会いであるが、一方で「欲しいモノが必ずある」という確約がない不安定なものでもある。それもメリッサの専門は自分とは異なるメンズウエアの世界だ。しかし、生まれ持った意志の強さ、興味あるものへの尽きることのない探究心、そして芯の通った性格が、すべてを良い方向へ向かせているのだ。世界有数のヴィンテージストアを営む女性は並々ならぬ心の強さを持つ女性でもあった。彼女はこれからますます、ヴィンテージ界のクイーンとして名を馳せていくことだろう。

CLUTCH
people file

ビアジャケットと呼ばれる、学生が卒業時に寄せ書きをするジャケット。すべてヴィンテージで、見れば見るほどユーモラスなキャラクターやメッセージが描かれていて面白い。最近のメリッサのコレクションのひとつ

ファーマーズノートやワークウエアブランドのカタログ類も多数収集。19世紀末の冊子もある。イラストや書体がクラシックで興味深い

旧い書籍を積み上げ、その上にBACMOというレザーグローブのメーカーがアドバタイズ用に作った豚の置物を置いた。もちろん豚革でできており、大変希少とのこと

メリッサのマイブームであるキッズのヴィンテージウエア。ウォバッシュ生地を作った会社として著名なSTIFELの刻印がある右上のパンツを見つけた時は驚いたそうだ

経済も文化も、ニューヨークが動けば世界が動く。
多くの人がそんな刺激的な街に憧れる一方で、
互いの競争も激しい。

世界的に著名なヴィンテージストアである
ストック・ヴィンテージのオーナー、メリッサも
最初はニューヨークに店を開くことは
大きな不安があった。
しかし、幼い頃から
ヴィンテージ業界で活躍する母の姿を見てきた彼女は、
持ち前の探究心で培った
メンズヴィンテージカルチャーに対する
熱い思いを形にするなら今しかない、と
大都会へ飛び込んだ。
そして10年の時を経て、彼女は
世界中のファッション業界人に名を知られる
大物オーナーになっていた。

コンディション、サイズ共に良好なチマヨジャケット中心のコーディネイト。足元は'30年代のチペワのエンジニアブーツを合わせる。メンズ顔負けのセレクトはさすがである

最近作り始めたオリジナルリング。ヴィンテージの金属素材を使用し、ネイティブアメリカンやスカルをモチーフにデザイン。「時間を見つけて色々と次作を考えています」

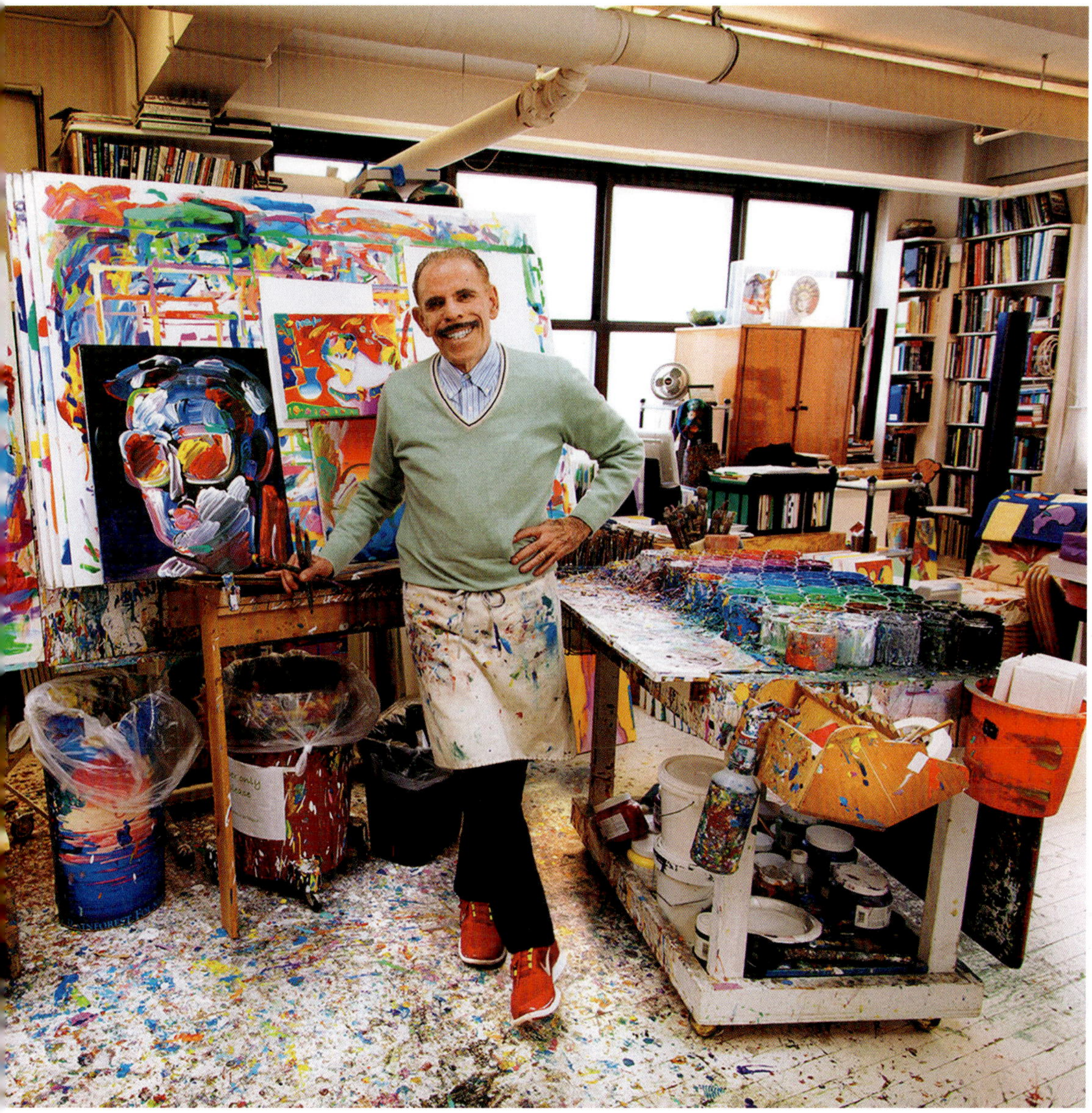

DOOR TO POP Art

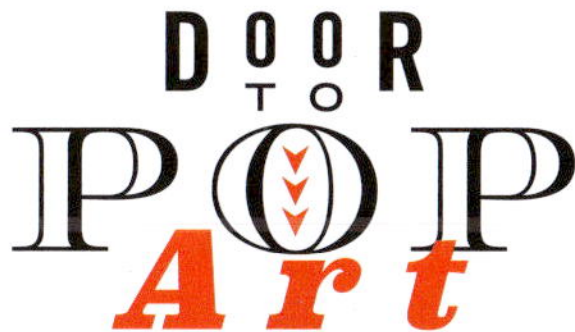

ピーター・マックス　1937年ドイツ・ベルリン生まれ。1950年代にアメリカに家族と共に移住。1960年代から本格的に画家として歩みだす。色彩豊かな作品はフラワームーブメントとともに世界中に知られることに。アメリカのビッグイベントのポスターや記念切手などを手掛けてきた

生きる伝説

ピーター・マックスと聞いて、ヴィンテージ好きな本誌読者なら
'70年代のラングラーやデザインファブリックを想像する人は多いだろう。
彼は世界を代表するポップアーティスト。1960年代後半にブレイクし
今なお、生きる伝説としてニューヨークのスタジオから
アート作品を創り続けているのだ。
この伝説の男にフォーカスしてみた。

PETER MAX

[ピーター・マックス]

When you hear the name Peter Max, many of our vintage loving readers might think of Wrangler Jeans from the 1970s and design fabrics. As a leading figure in the pop art culture, he has continued to create art from his New York studio ever since he broke out in the late 1960s. We put the focus on this living legend.

Photo by Brad Trent ブラッド・トレント　Peter Max studio　www.petermax.com
Text by CLUTCH Magazine 編集部

アメリカを代表するポップアーティスト。

ヴィンテージ古着ファンの間で、高価で取引されているピーター・マックスのデザインファブリックや、彼がデザイナーとして関わったラングラーのアイテムは1960~70年代のもの。サイケデリックな色彩や、ユニークなクレイジーパターンなど、ヒッピーカルチャーを象徴するデザインが多い。

「かつては、ファッションにも携わったが、私はファッションデザイナーではない。ピーター・マックスはアーティストなんだ。わずか数年間で、ものすごい量が売れたけど、アーティストとして生きるために、それはすぐにやめたんだよ」

ピーターは自分がデザインに関わったプロダクツに関して多くを語ろうとはしなかった。

「ロックやジャズが好きで、多くのミュージシャンたちと交流を持ったよ。ジミ・ヘンドリックスを知ってるだろ？ 彼は親友だった。ビートルズもそう。彼らの音楽を聴き、彼らの絵を描く。お互い刺激になったんだ」

昔を懐かしむように語るピーター。彼のスタジオに置かれたカラフルなグランドピアノはリンゴ・スターからもらったもので、ピーターが彩色し、アート作品にしたものだった。

ニューヨーク、セントラルパークに近い雑居ビルの最上階にピーターのギャラリーとスタジオがある。完全予約制のギャラリースペースには厳重なセキュリティ。それもそのはず、数多くのピーターの描いたキャンバスや創作したオブジェがここに収蔵されている。数万ドルとプライスが表示されたキャンバスが何枚も展示されているのだから、セキュリティは当然だ。ピーターとのアポイントメントを取り付け、指定された住所を訪ねる。エントランスで対面を待っていると、約束の時刻にエントランスのドアが開いた。ナイキのスニーカーを履いて、傘を手にした老紳士が入ってくる。その人こそ、ピーター・マックスである。世界的に有名な画家は歩いてスタジオに通っているのか！ 穏やかな笑顔で日本から来た我々を歓待してくれるピーター。アーティスト特有の気難しさは感じられない。インタビューに応じてくれたピーターは、子どものように無邪気な話し方をする気さくな人だ。

ビートルズのドラマーとして世界に名を馳せたリンゴ・スターはピーター・マックスの大ファンであり、親友でもある。ビートルズ時代から描いてきた。現在も時々ニューヨークのスタジオを訪ねてくるそうだ

「キミたちは日本の雑誌なんだね。僕が表紙を描けば、いいネタになるだろう？ きっと今以上に売れるぞ。そうだな、クラッチマガジンの表紙を描くよ。そうすれば、日本に住む私のファンも喜んでくれるだろ？」

突然の話に、驚きを隠せない。

「1960年代の後半だったかな、『LIFE』で私の特集があった。表紙も私。それで、一気に有名になれた、世界的にね。それから、いろんな雑誌の表紙を手がけたよ。2000誌以上は描いたんじゃないかな？ だから私にとって雑誌の表紙は特別なものなんだ」

サイケデリックなデザインをバックに、当時のピーターの顔がレイアウトされた『LIFE』の表紙は、ピーターのファンであれば誰でも知っている有名なものである。このギャラリーに、現在もその作品は展示されている。

「日本にも私のファンは多い。日本は大好きな国のひとつで、何度も訪れているよ。もともと、中国の上海に住んでいた時期があったからとても親近感がわくんだ。ギャラリーショーは何度も開催しているし、日本の出版社から作品集も出してもらっている。また新し

DOOR TO POP Art

アメリカのアイコンである大女優マリリン・モンロー
もピーターが大好きな被写体。数々のマリリン作品を
手掛けてきた。これは昨年描いたばかりの最新作

横顔の描写は彼の特徴のひとつ。ラブ＆ピースをテーマにした作風は、まさにフラワームメントの時代に生まれたものだ。オレンジのアクセントもまた、彼の特徴だ

ピーター・マックスの描画方法は多岐にわたる。1960年代後半から1970年代にかけて一世を風靡したサイケデリックな作画は現在も健在で、その人気は衰えを知らない

こちらもテイラー・スウィフトで、モチーフとなっているのは彼女のファーストアルバム『Taylor Swift』のジャケットである。彼のアイコニックなサイケ作品群とは一線を画す。多彩な描画方法を持つことを示す

アメリカを代表するカントリー・シンガーソングライターであるテイラー・スウィフトはフォトジェニックな女性としても知られる。彼女のチャームポイントである赤いルージュを纏った唇が美しい。アルバム『RED』のジャケットを作品化

自由の女神像の修復を率先して進めるために数多く描いた自由の女神像。アートを使ってアメリカの歴史を保存する運動に積極的に関与したのだ。自由の女神像修復キャンペーンの同志は、かのリー・アイアコッカだった

アメリカ合衆国初代大統領ジョージ・ワシントン描いた。愛国心の強いピーターならではの作品。豊かな色彩で描いている点がとてもユニークだが、背景をブラックにするのは、ピーターの作品ではたいへん珍しいことだ

「いまだにロックンロールを愛している」と語るピーター・マックス。音楽にちなんだ作品は多い。1969年のウッドストックフェスティバルから30年を記念して開催されたウッドストック1999では公式アーティストに

い日本の作品集が出版されたばかりだよ」

そう話すピーターに、ヴィンテージファブリックやウエアのファンも多いことを伝えたところで、冒頭の話になったのだ。日本ではあまり知られていないが、ＪＲ大宮駅前に、老舗デパート「高島屋」。その前を通るとサイケデリックなデザインで富士山が描かれた壁画がある。道路に面しているのだが、そこにお馴染みのピーター・マックスのロゴが記されていることに気付く人は意外と少ない。

「このスタジオにはいろいろな人がやって来る。オバマ前大統領も来た。クリントン元大統領は私のファンで、何度も足を運んでくれる」

まさにアメリカを代表するアーティストである。話のスケールが違うのだ。アメリカの国家的規模のイベントにも数多く携わって来た歴史があるのだから、それも当然。例えば１９９４年のＦＩＦＡワールドカップ　アメリカ大会のポスターやＮＦＬのスーパーボールのポスターも手掛けた。アメリカ競馬の最高峰であるケンタッキー・ダービーもそう。グラミー賞のポスターだって経験している。「国境や

1970年代に自由の女神シリーズを描いていた頃のピーター・マックス。このとき既に、アメリカを代表するアーティストとして、名声を築いていた。自ら自由の女神のポーズを模倣する無邪気な姿がカメラに収められた

州境に設置されたロードサインにも私の作品が使われている。だから、みんな知らずに私の絵を目にしている。それから万博の記念切手とかね。ユニークだったのはコンチネンタル航空のボーイング777の機体にピーター・マックスの絵でラッピングしたピーター・マックス・ジェット。100人以上の人が数時間で完成させたんだ」

果たして夢のコラボは実現？

庶民派でありながら、アメリカを代表するポップアーティスト、ピーター・マックスは、いまなお健在。

「昔はクルマが好きでクルマを収集したこともあったけど、いまは毎日のように創作活動を楽しんでいるよ。時間があれば絵を描いているね」

おそらく、いま頃は、「あのスタジオ」で、クラッチマガジンの表紙を描いているはずなのだが……。彼の気分が変わっていなければ、近い将来、ピーター・マックスによる本誌カバーを披露できるはず。彼の歴史の一片にクラッチマガジンの名を刻む日が来る!?

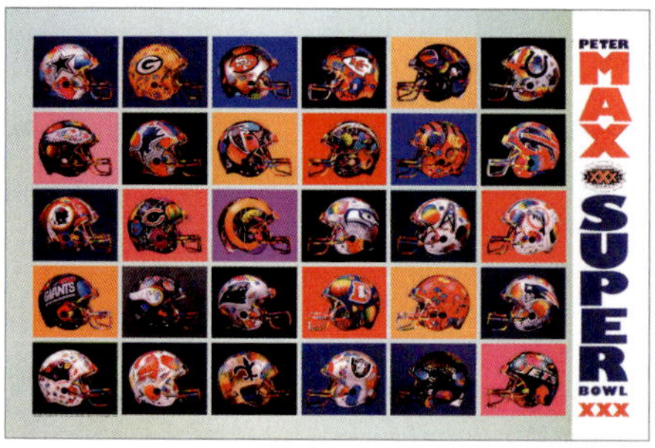

こちらは第30回記念のNFLスーパーボール公式ポスター。NFL各チームのヘルメットをピーター・マックスが描いたことで、大きな話題を読んだ。音楽だけでなくスポーツイベントでも公式アーティストを務めることが多い

2000年という節目の年に、アメリカ競馬の祭典とも言えるケンタッキー・ダービーの公式ポスターを手掛けた。チャーチルダウンズ競馬場の歴史ある建物を背景に、躍動感のあるゴールシーンを描いたものだ

2014年のグラミーフェスティバルも公式ポスターはピーター・マックスが担当していた。カラフルなベースを描いた作品はまだまだ記憶に新しいという方も多いことだろう。大好きな音楽イベントだけに、力も入っている

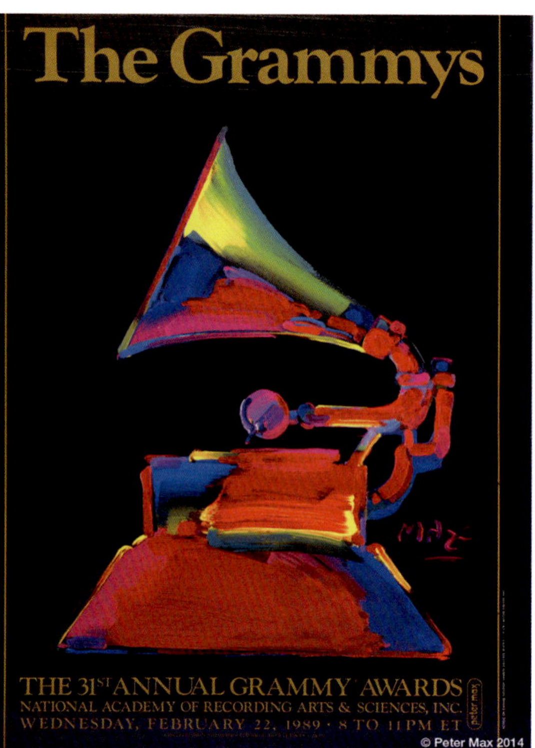

2014年第31回グラミー賞の公式ポスター（右）とそのベースになったキャンパス作品（左）。アワード受賞者に贈られる蓄音機をモチーフにしたゴールドトロフィーをピーター・マックスがアートにした

1991年ニューヨーク・シティ・マラソンの公式ポスター。ランナーをファンタジーな作風で描いているユニークな作品。一般的なマラソンイベントのポスターでは考えられないような前衛的なもの。アメリカらしく、ピーターらしい発想

FIFAワールドカップ1994アメリカ大会の公式ポスター。世界的なこのビッグイベントの公式アーティストはアメリカでは彼を置いて他にはいなかった。日本でも人気を博したポスター作品である

ROWING BLAZERS

BASED ON TRUE STORY

由緒正しいブレザーがニューヨークからやって来た。

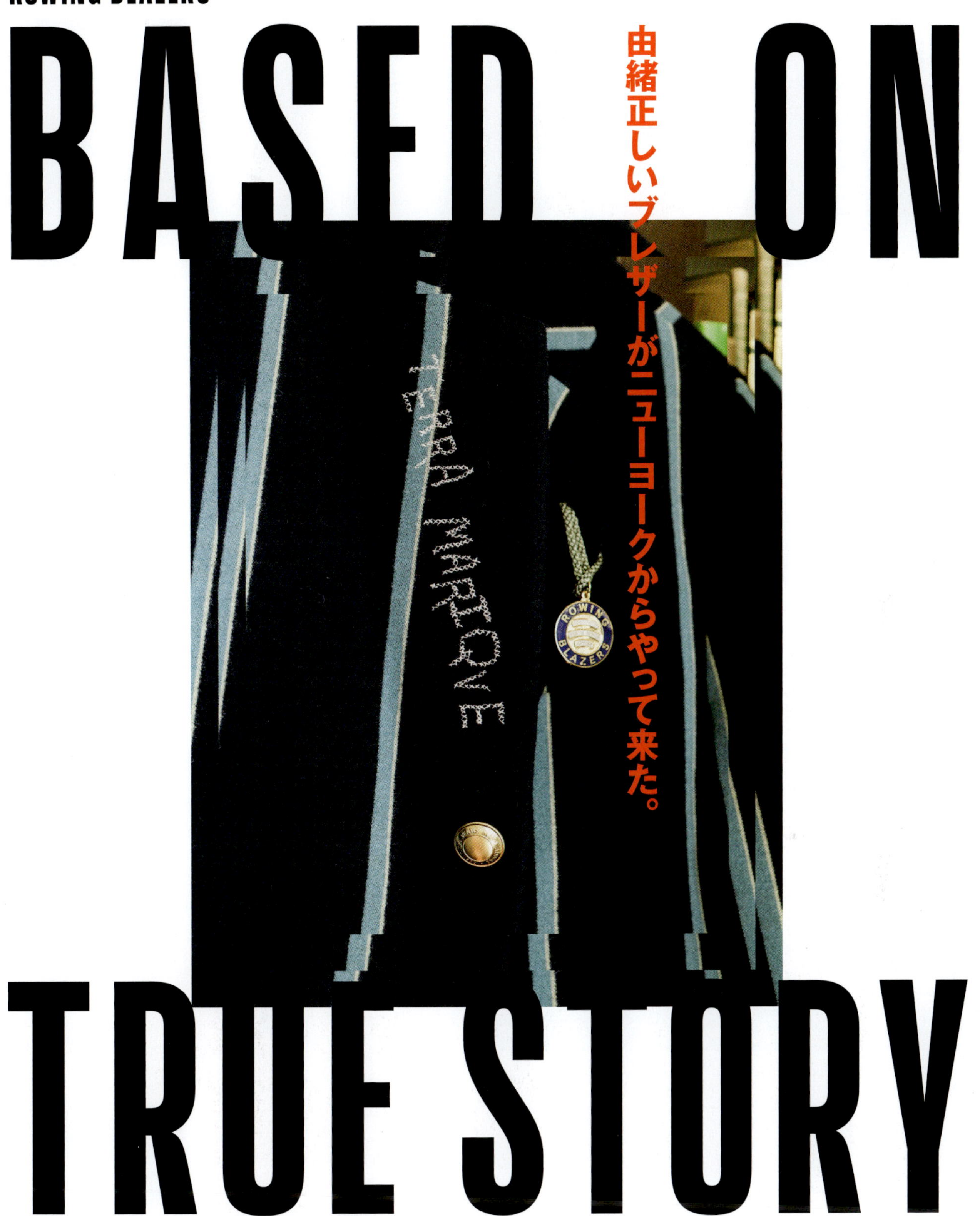

**This spring marked the debut of New York-based blazer brand ROWING BLAZERS.
Every little detail was inspired from the traditional blazer culture,
where students often wore them as a team uniform.
Each blazer is not only a fashion item but also filled with stories from the past.**

**この春デビューしたニューヨークのブレザーブランドROWING BLAZERS。
すべてのディテールは、チームユニフォームとしてのブレザーが持つ伝統的なカルチャーからインスパイアされたもので、
ファッションとして着るだけではもったいないほど面白いストーリーが詰まっている。**

Photo by Lisa Kato 加藤里紗　Text by CLUTCH Magazine 編集部　ROWING BLAZERS　http://www.rowingblazers.com

カラフルなストライプ、段返り3つボタン、ノーベント、背抜き、3つのパッチポケットという伝統的なチームブレザーの要素を踏襲したROWING BLAZERSの1着。フラワーホールに通しているのは、歴史ある大会ヘンリー・ロイヤル・レガッタで授与される七宝焼きのバッジをモチーフにしたもの。右頁の写真はラベル裏で、ラテン語でモットーを刺しゅうしている。オランダのチームの伝統だ

デザイナーは元トップアスリート。

「学校のクラスで着てもいい、会社の会議で着てもいい。オックスフォードシューズを合わせてもいいし、デッキシューズでもいい。クリスマスに着てもいいし、夏休みに着てもいい。ブレザーはいつだって正しい存在なのです」

ROWING BLAZERSのデザイナー、ジャック・カールソン氏は、ブレザーの普遍性をこう語る。実は彼、以前はボート競技（ROWING）のアメリカ代表選手として活躍しており、過去に三度、世界大会に出場した経験がある。そんなトップアスリートがデザイナーになったのは、各ローイングチームが制服として着るブレザーの魅力にハマってしまったからである。

「世界各地を旅して、選手はもちろん、チームブレザーを手がけるテーラー、ヴィンテージコレクターにも出会いました。私もその間にヴィンテージやアーカイブ資料を集め続け、ブレザーとは何たるかを知ったのです。個々のチームや国によって様々な特徴があり、それは同時にチーム独自の誇りでもある。単にファッションという次元にとどまらない、非常に突き詰め甲斐のある存在と言えるでしょう」

ジャック・L・カールソン氏。名門ケンブリッジ大学とアメリカ代表チームでボート競技選手として活躍。その傍らブレザーの研究を続け、'17年SSよりROWING BLAZERSを始動

ボート競技にまつわるあらゆる資料を集め、スタジオに飾っているジャック氏。特にエンブレムやスクールシンボルはチームを象徴するサインとして重要な要素

チームによって異なるディテール。研究し出したら止まらなかった。

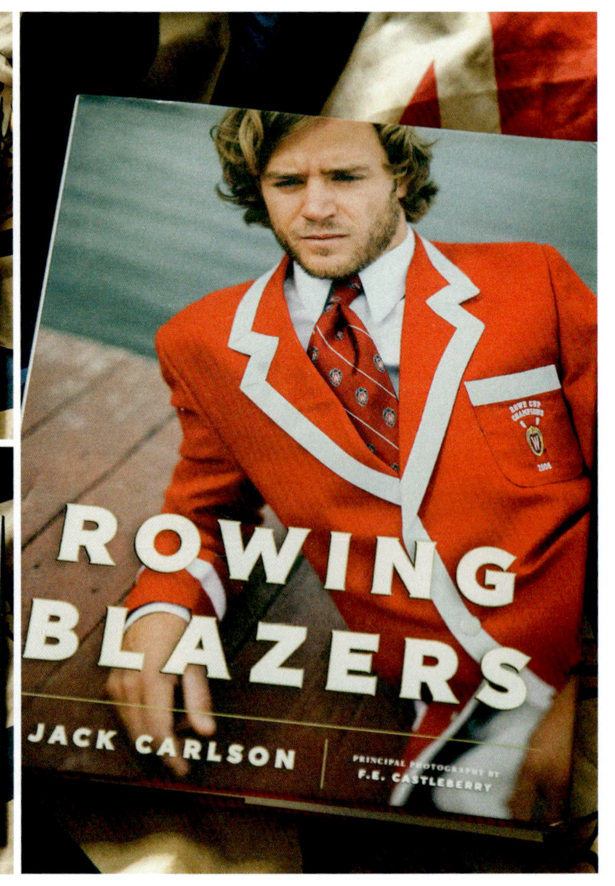

2014年に出版したジャック氏の著書『ROWING BLAZERS』。200ページを超えるボリュームで、アメリカやイギリスを中心としたローイングチームのブレザーが紹介されている。すべてにモデルの着用写真と解説が付くという豪華な内容。中には大変貴重なヴィンテージや、ボート競技大会の歴史的な写真も収録されている。製作には5年間もの年月を費やしたという

ジャック氏が所有するヴィンテージコレクションから2点紹介。どちらも1930年代のもので、右はイギリスのオックスフォード大学の構成校のひとつ、オリオルカレッジのローイングチームブレザー。かつてジャック氏がコーチをしていたこともあり、思い入れのある1着。左は16世紀から続くイギリスのパブリックスクール、キングス・スクール・チェスターのもの。知的で品位のあるカラー

日本製のウール生地に刺しゅうを入れたネクタイも展開。チームブレザーの歴史を研究していると、過去には変わったクラブ活動が存在していたことも判明する。例えば右の蛇口は20世紀前半と予想される"オックスフォード・バス（風呂）・クラブ"のマーク

ROWING BLAZERSはブレザーにまつわる小物も作っている。これらはジャック氏自らデザインしたブレザーバッジ。ロンドンの紋章院で働いていたことがある彼は紋章学にも通じており、よくある柄ではなくて、ROWING BLAZERSにしかない個性的な柄を考案した

ブレザーとは、自分が何に属しているかの象徴。

的をブレザーに絞り、ジャック氏はその歴史を紐解いていった。自分が身を置いていたボート競技とブレザーの関係性は想像以上に深く、彼の探求心を刺激した。

「遡ること19世紀、イギリスのボート競技の選手はフランネル生地のジャケットを今で言うスウェットシャツのような感覚で着ていました。それは現在のブレザーの原型であり、寒い日の練習でもボートの上で体を温めてくれていました。ジョギングなどのトレーニングにも着ていたことでしょう。初めてブレザーという言葉が誕生したとされるのは1853年。ケンブリッジの〝レディ・マーガレット・ボート・クラブ〟のメンバーが赤いジャケットを着て大会に登場し、観客がそれを〝blazing red〟(燃えるような赤)と表現したことから、blazerという言葉が試合記録に残されました。鮮やかな色はブレザー本来の特徴。主にチームカラーをストライプに取り入れ、観客が遠目からでもチームを識別できるように、という目的のためです。やがてその配色には、強豪校であるケンブリッジ大学とオックスフォード大学を筆頭に、選手たちが抱く母校やチームへの誇りが宿るようになり、式典などの場でも着られるようになりました」

チームの数だけブレザーがあり、そのディテールすべてに意味がある。ジャック氏は、そんなブレザーを〝Tribal Totems〟と表現する。つまり、ブレザーは自分が何に属しているかのシンボルだ。あらゆる人種が一緒に暮らす欧米圏では、〝Tribal Totems〟が精神的支柱になりうることは日本人の私たちでも想像に難くない。ジャック氏は、ROWING BLAZERSというブランドを通じて、ブレザーの存在価値までをも伝えていこうとしている。

「多くの人は、ブレザーの起源がボート競技にあることを知りません。だからこそ私はROWING BLAZERSで、ローイングチームユニフォームとしてのブレザーの面白さを知ってもらいたい。作りはノーベント、段返り3つボタン、ステッチが表に出ないよう縫い付けた3つのパッチポケットなど、旧きよき方法を採用していますが、昔のブレザーは厚手のコートの上からでも着られるように大きめに作られているので、フィッティングは少し現代的に直しています。ブレザーはいつでも正しい。好きな場所で好きなように着てみてください」

ブレザーには欠かせないB.D.シャツは、プレーンタイプとダメージ加工タイプを展開している。襟元の美しいS字型ロールが自慢。ダメージ加工の方は、選手が愛用し、擦り切れてしまったシャツをイメージしている。シャツを購入するとサンドペーパーが付いてくるが、これは実際に昔サンドペーパーで味を出していた学生がいたことからユーモアで付けた。その学生を真似しても真似しなくても可。裾にはクラシックなブレザースタイルのイラスト付き

とことんクラシックな自転車に乗りたくてヴィンテージを探したが、やはり状態が悪く、リプロダクションを選んだ。これに乗って街を走ると皆が振り向く。主役級の存在感を放つインテリアとしても活躍している

Giovanni James's House

ニューヨーク・マンハッタンの北部ハーレムエリアで
とてつもなく凝った部屋に暮らすジョヴァンニ・ジェームス。
彼はミュージシャンとして世界的に活躍しており、
同時にファッションデザイナーとしての顔も持つクリエイターだ。
元々ヴィンテージウエアが大好きで、
部屋のインテリアもヴィンテージを多数置いている。
秀逸なのは思い切ったアイテムのチョイスと、ディスプレイのセンスだ。

Photo by Lisa Kato 加藤里紗 Text by CLUTCH Magazine 編集部
Giovanni James http://www.giovannijames.com

Giovanni James

ニューヨークを拠点とするミュージシャン兼ファッションデザイナー。ヴィンテージへの造詣が深く本誌49号ではスペシャルなヴィンテージシューズコレクションを披露

色味や風合いを隅々まで統一。

リビングでくつろぐジョバンニとパートナーのDengerkat。温かみのある暗い光は、疲れを癒す効果もありそうだ。後ろの壁の上部にかかっているのはレザーのバッグ。空きがちな天井付近のスペースを効果的に利用

旧いレンガ壁を活かした重厚感のある空間。

ジョヴァンニの家に一歩足を踏み入れたら誰でも思わず感嘆の声を漏らすだろう。外見はニューヨークの街並みでよく見かけるアパートメントだが、ドアを開けるとオレンジのライトの中に、味わい深いクラシックなインテリアがセンス良くコーディネイトされている。このアパートメント自体は1093から40年代に建てられたもので、壁面のレンガは当時のままだ。リフォームされていた床はあえて汚し、壁紙も張り替えた。そして自分が好きなヴィンテージのインテリアを配置。自転車やギター、レザーのバッグ、はく製など家具としては実用性のないものでも、世界観を作るアイテムとして置いている。耐久性を考えてリプロダクションを選ぶこともあるが、全体的な統一感を意識するのが重要とのこと。生活空間でありながら、まるでショールームのようにこだわるのだ。むしろ、生活空間こそ好きなもので埋め尽くすことでリラックスでき、より良いクリエイションに繋がるのだろう。パートナーのDengerkatもヴィンテージウエアが好きで、ふたりともこの空間にとても満足している。

ベッドカバーの美しいインディゴブルーが、レンガの壁に映えているベッドルーム。サイドテーブルとして使っているのはハンドペイントが残る'50年代の冷蔵庫。もちろんライトのセレクトも気を抜かない

冬は実際に使っている暖炉。人形や本などヴィンテージの小物をディスプレイして賑やかに。木枠でカスタムしたテレビには、いつも昔の映画を流している。今日はマーロン・ブランド主演『ON THE WATER FRONT』

数え切れないほどヴィンテージのシューズやブーツを持っているジョヴァンニ。収納しきれないものは廊下に並べているが、せっかくなのでロープやキャンドルを絡ませてインテリアとして機能させている

事務仕事のデスクは、ジョヴァンニの自作。船用の旧い鎖をテーブルの脚にした。壁でも天板を固定しているので、ぐらつかない。椅子にかかっているジャケットはジョヴァンニが手がけるブランド『BUTCHER JAMES』のもの

Giovanni James's House

窓際に置いている洒落た雰囲気のチェステーブル。窓から光が差し込むとさらに幻想的な雰囲気に。チェス用品のショップに行ったが理想的なものがなく、その帰りに寄ったフリーマーケットでこのテーブルに出会ったそう

KNICKERBOCKER MFG.CO. Studio

ブルックリン発のヘリテージファッションブランドKNICKERBOCKER MFG.CO.は、今最も勢いのあるアメリカンブランドのひとつである。その理由は彼らのスタジオを訪れてみればわかるだろう。洋服はもちろんのこと、インテリアのチョイスも高いセンスが感じられ、トータルで憧れられるような世界観を発信しているのだ。細かくそのディテールを見ていこう。

Photo by Lisa Kato 加藤里紗　Text by CLUTCH Magazine 編集部
KNICKERBOCKER MFG.CO.　http://knickerbockermfg.co

打ち合わせなどを行う商談スペース。鉄や木材の旧びた素材の表情を活かしシンプルにまとめているなか、壁にかけたアートが華やかさを添えている。この絵はオーナーのアンドリューが母親から譲り受けたもの

中央の棚はミッドセンチュリーのもので、前オーナーがバーで使えるようにカスタムしたものと思われる。FLUSHING AVENUEはこのスタジオがある通り。旧いサインを見つけて思わず飾った

流木を使って自分たちでカスタムしたランプ。シェードランプだけでもいいが、ダイナミックな流木を合わせることで部屋の主役級のインテリアになる。経年変化も楽しみだ

トランプの絵はアンドリューの友人が壁にペイントした。インダストリアル一辺倒だと冷たい印象になってしまうので、ユーモアのあるアートでアクセントをつけている

アンドリューが特に気に入っているスペース。脚の曲線が美しい譜面台はブックシェルフとして、旧い電話はオブジェとして活用。チラリと見えるグリーンが爽やかさをプラスしている

点数を絞って空間をすっきりと見せる。

ブルックリンには、かつて倉庫や工場として使われていた建物が今でも多く残っている。KNICKERBOCKER MFG.CO.のファクトリー兼オフィスも、元々は旧い帽子工場。ブランドオーナーのアンドリューが一念発起して買い取り、チームの皆で内装デザインを考えた。インダストリアル系のヴィンテージインテリアを主に使用しているが、それだけでは味気ないのでアートや色味のある家具を足してオリジナリティを出している。また、アンドリューをはじめ、チームにはスケート好きなメンバーが多いので、思い切ってファクトリーとオフィスの間にスケートランプを置いた。

「旧いインテリアや小物は大好きですが、欲張らないようにしています。ごちゃごちゃしていると重厚になりすぎてしまうので」

と自身のスタジオについて話すアンドリュー。旧いものへの尊敬の念を持ちつつ、20代らしいセンスを取り入れ、ブランドは現在好調に知名度を上げている。そんな彼の姿勢はスタジオの空間作りにも反映されている。また、情報収集や頭のリフレッシュのためにブルックリンのヴィンテージファニチャーショップを巡ることも多い。現在、模様替えも計画している最中で、旧いボタニカル系のデザインに注目しているという。

KNICKERBOCKER MFG.CO. Studio

Andrew Livingston

大学在学中に旧い帽子工場を買い取り、OEM生産とKNICKERBOCKER MFG.CO.を並行して運営。コラボレーションも積極的に行うなど、注目のヤングジェネレーションだ

自分たちでデザインをし、時にはD.I.Y.も行う。

スタジオの敷地は広く、オフィス兼ショールームと、スケートランプを挟んでその奥がファクトリーになっている。KNICKERBOCKER MFG.CO.のコレクションはすべてここで生産されている

所々に珍しいデザインのヴィンテージインテリアがある。これは旧い身長測定器。実際に使うことはないが、旧びた鉄の表情や武骨なパーツが気に入って、オフィスのドアの前に置いている

作業現場は飾らない、その姿勢に職人魂を感じる。

ブラジル出身のエリオ・アスカリによるアメリカのバイシクルブランドAscari BICYCLES。ハンドビルドのクロモリフレームをレザーやルビーなどの宝石でデコレーションし、まるで芸術のような美しいオーダーメイドタウンバイクを作ることで知られている。その作業はひとつひとつのパーツの成型から仕上げまですべてエリオとパートナーによる手作業で、1台作り上げるのにかなりの時間を要するが、世界のセレブリティからのオーダーは絶えない。2011年の立ち上げよりポー

決して広くはないが、しっかりと作業スペースが確保されているスタジオ。いまは日本から受けたオーダーの自転車を作っている

Ascari BICYCLES Studio

ハンドビルドで芸術的な自転車を作り、世界的に注目を集めているAscari BICYCLES。最近、ポートランドからブルックリンへスタジオを移したと聞いてそのスタジオを尋ねた。ガレージの一角を使用した空間には、金属を成形する旧い機械や作業台がラフに置かれており、自転車のようなラグジュアリー感とはまるで正反対だが、人の手で丹念に作られていることがよく伝わるスタジオだった。

Photo by Lisa Kato 加藤里紗　Text by CLUTCH Magazine 編集部
Ascari BICYCLES　http://ascaribicycles.com

ハンドルに使う数センチの金属パーツをひとつ作るだけで、20分は要する。普段は陽気なナイスガイだが、自転車作りを前にすると一瞬にして真剣な職人の姿に変わる。

100年近く前の自転車が描かれたヴィンテージのポスターを壁に貼っている。その下には1940年代の金属成形機。「これがなければ今の社会は存在しない」とエリオが話すほど、20世紀の第二次産業の発展に貢献した機械なのだ

トランドに拠点を置いていたが、今年ニューヨークのブルックリンへ移転した。大きなガレージをバイクのカスタムビルダーとシェアして使っている。ブルックリンの自由な空気感がエリオは気に入っているという。スタジオ内には、第二次世界大戦時代の戦艦作りに使われた金属成形機を中心に、作業に必要な道具と完成した自転車1台、そして周辺パーツを置いている。ここから約200万円もするようなハイエンドなタウンバイクが生まれているとは、想像もつかないだろう。しかしあえてインテリアに手を加えすぎていない点に、Ascari BICYCLESの真剣なモノ作りへの思いを感じるのだ。

Ascari BICYCLES Studio

ブルックリンの一角で生まれる芸術的自転車。

こちらがAscari BICYCLESの完成形。ハンドルやサスペンションなどのレザーはすべて手で巻き、美しい細かな彫刻も手作業。随所にルビーなどの宝石が埋め込まれている。依頼主のライフスタイルをヒアリングしてから設計を始めるので、納車まで時間はかかるが性能も抜群だ

オリジナルの空気入れも自転車同様のラグジュアリーな仕様になっている。手巻きのレザーに、艶やかなハンドルと、世界一優雅な空気入れかもしれない。自転車を手に入れたら是非セットで隣に置いておきたい

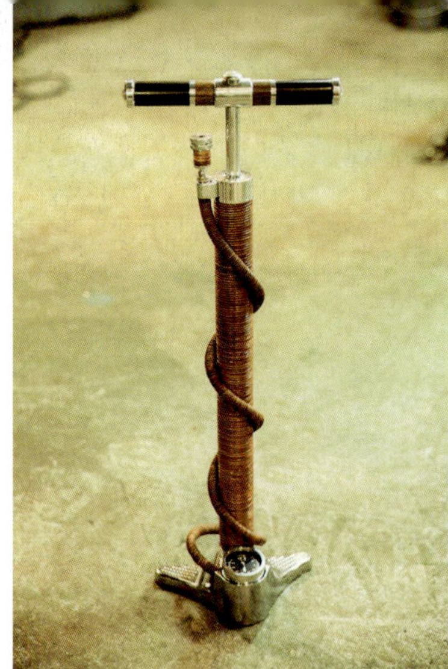

Hélio Ascari

ファッションモデルとして活躍後、2011年にオーダーメイドバイシクルブランドAscari BICYCLESをオレゴン州ポートランドで立ち上げる。手間暇を惜しまない最高級のタウンバイクを作り、世界中で話題に。ブラジルの工業地帯で育ったため幼い頃から機械に触れることが多く、旧い機械の操縦方法なども当時覚えたことが今に役立っている

自転車に使っているパーツはどれも最高級のもの。ひとつひとつ木製の机に並べられた姿がとても絵になる。手巻きのレザーの技術を応用し、ヴィンテージサングラスのカスタムも手がける

履いていたブーツやヴィンテージのワークブーツを棚の上に並べている。ラフに並べている点がかえってクール。スタジオ内で目に留まるインテリアは、前頁のポスターとここだけと言っていい

ヴィンテージのライトやスピーカー、ラベラーを置いている事務作業用のデスクの上。クラシックなものが好きなエリオらしいディスプレイである

THE Williamsburg Hotel

2016年末、ニューヨークのブルックリンにオープンしたこちらのホテルは、
レンガや鉄、木材など土地の景色に馴染む素材を使いながらも、
独自のモダンなセンスを取り入れたデザインホテルとして注目を集める。

Photo by Lisa Kato 加藤里紗　Text by CLUTCH Magazine 編集部
THE Williamsburg Hotel　http://www.thewilliamsburghotel.com

レンガと木材を基調にした空間に良く映える鮮やかなベンチソファ。ワイン色の一人掛けソファとのコントラストも良く、内装デザインチームの色彩感覚の高さが窺える

天井が高く居心地の良いロビー。建物のベースはインダストリアルスタイルだが、余計なインテリアを置かずソファの色を工夫することで華やかな雰囲気を作っている

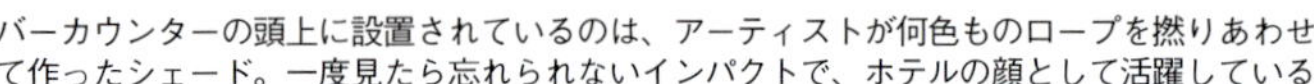

バーカウンターの頭上に設置されているのは、アーティストが何色ものロープを撚りあわせて作ったシェード。一度見たら忘れられないインパクトで、ホテルの顔として活躍している

大きな窓はこのホテルの特徴のひとつ。ゆったりとしたソファの隣にはモダンな形の暖炉を設置することで、クラシックながら洗練された雰囲気を演出

右／スイートルームの一例。ロビーとテイストを合わせたソファ選びに注目。一泊$530～　左／至る所に座ることができる場所を設け、宿泊客をもてなす。ここにはデザイン性のあるチェアやソファをセット

次なるブルックリンのスタイルがここに。

街としてまだまだ発展を続けているエリア、ブルックリン。かつては旧い工場地帯だったブルックリンは、その土台を活かしたヒップな空間作りで一躍世界のトレンドとなった。昨年末にオープンしたTHE Williamsburg Hotelも、基本的にはブルックリンの街の空気を踏襲して、レンガや鉄、木材を用いているが、ここには次なるブルックリンがある。それは、ロビーやバーカウンターのデザインを見ればわかる。ただ旧かったりシャビーな雰囲気だけでは寂しいので、そろそろ華やかなムードに向かいたい、という方向性を感じるのだ。内装には世界的に活躍するデザインチームが入っているうえ、部屋数は150室を誇り、高層階ならばマンハッタンまで見渡せる。ホテルとしてはもちろん、建築としても楽しみたい場所である。

THE Williamsburg Hotel
96 Wythe Ave. Brooklyn, NY 11249
Tel.+1-718-362-8100
http://www.thewilliamsburghotel.com

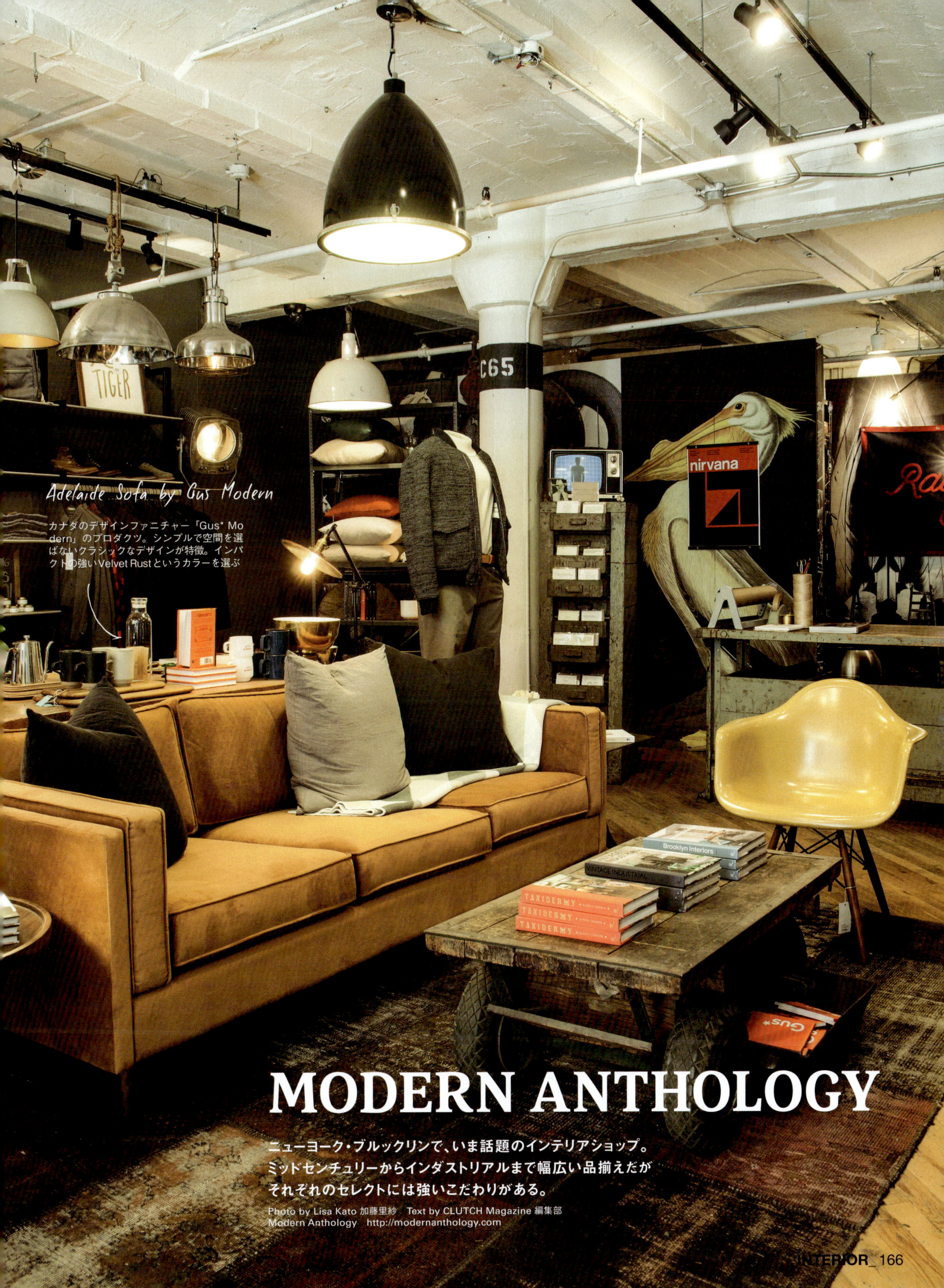

MODERN ANTHOLOGY

ニューヨーク・ブルックリンで、いま話題のインテリアショップ。
ミッドセンチュリーからインダストリアルまで幅広い品揃えだが
それぞれのセレクトには強いこだわりがある。

Photo by Lisa Kato 加藤里紗　Text by CLUTCH Magazine 編集部
Modern Anthology　http://modernanthology.com

Adelaide Sofa by Gus Modern

カナダのデザインファニチャー「Gus* Modern」のプロダクツ。シンプルで空間を選ばないクラシックなデザインが特徴。インパクトの強いVelvet Rustというカラーを選ぶ

大物ファニチャーだけでなく、雑貨や日用品も充実。ただし、そのすべてが「絵になる」デザイン。ディスプレイにも余念がない

ミッドセンチュリーデザインのファニチャーも数多く取り入れている。何年経っても飽きのこないインテリアコーディネイトが強み

空間デザインのプロが作ったインテリアショップ。

ジョン・マルサラとベッカ・シトロンの二人が共同オーナーを務めるMODERN ANTHOLOGY。ジョンはウォルト・ディズニーでそのキャリアをスタートさせ、カリフォルニア、パリなどお馴染みのテーマパークでアーキテクトデザインを手がけた。また、ミュージックビデオやテレビ番組のクリエイティブディレクターとしても、数々の大仕事をこなしてきた。ベッカは世界に名だたる大企業をクライアントに持つ人気デザイナー。そんな両者が舵を取るショップなのだから話題にならないわけがない。流行に左右されない、デザインと機能を兼備したプロダクツにこだわるセレクトが最大の強み。確かなファニチャーで空間をクリエイトする術を伝えている。少しの工夫でインテリアを変えるライティングなど、空間作りに関するアドバイスが聞けるのもこのショップに人気が集まる理由。現在はブルックリンで二店舗を展開する。

ライティングを制する者がインテリアを制する。照明器具の充実ぶりは目を見張る。貴重なアドバイスは聞かなきゃ損する。ソリッドなデザインのシェードがこちらのオススメだ

MODERN ANTHOLOGY
68 Jay St. Brooklyn NY 11201
Tel.+1-718-522-3020
11AM–7PM (Mon–Sat)
12PM–6PM (Sun)
http://modernanthology.com

Barber in New York

**いま、ニューヨークではバーバーが注目を集めている。
クラシックなインテリア、スタイリッシュな理髪師
壁にはアートが飾られ、紳士たちを歓迎する。
人々はそんな空間で調髪してもらうことに大きな価値を見出したのだ。**

**Barbers are now showing a comeback in the scenes of New York City.
The shops await with traditional barbers and classic interior.
People value this exceptional atmosphere in which to get their hair done.**

Photo by Lisa Kato 加藤里紗　Text by CLUTCH Magazine 編集部

data

82-84 Havemeyer Street
Brooklyn, NY 11211
Tel.718-218-9100
Mon-Fri:1PM-9PM
Sat-Sun:11AM-7PM
http://www.
personsofinterestbklyn.com

Parlor Coffee
Espresso Bar at POI
Williamsburg
Mon-Sun:10AM-4PM

Persons of Interest

パーソンズ・オブ・インタレスト

スティーブ・マークス氏は1号店をブルックリン・キャロルガーデンに2010年にオープン。
その後、2012年にこのブルックリン・ウィリアムズバーグに2号店をオープンさせた。
Parlor Coffeeのオーナーであるディロン・エドワード氏の提案で物置だった場所にカフェを併設。
現在はPop-up shopとして運営されており、Parlor Coffeeのエスプレッソが味わえる。

data
85 N. 3rd Street
Brooklyn, NY 11249
Tel.718-388-8288
Mon:1PM-7PM
Tue:12PM-8PM
Wed:12PM-8PM
Thu:12PM-9PM
Fri:11AM-9PM
Sat:10AM-7PM
Sun:11AM-6PM
http://ludlowblunt.com

barber 2

Ludlow Blunt

ルドロウ・ブラント

ロンドンからニューヨークに進出し、いまやニューヨークのバーバーブームを牽引する存在。スタイリッシュなオーナー、ラッセル・マンリー氏の好みが反映されたクラシック・インダストリアルなインテリアは、アパレルショップからもお手本にされるほど。もはやファッションタウンとして盛り上がるブルックリンの名所にまでなった。

ASSOCIATED MASTER
MEMBER
IT PAYS TO LOOK WELL
BARBERS OF AMERICA
BERT J. THORSON
RUBIE DOUBLE EDGE BLADES
2 10¢
Amount

data
202B Elizabeth Street
New York, NY 10012
Tel.212-334-9495
Mon-Fri:11AM-8PM
Sat:10AM-8PM
Sun:11AM-7PM
http://nyshavingcompany.com

barber 3

The New York Shaving Company

ルドロウ・ブラントザ・ニューヨーク・シェービング・カンパニー

PARLOR
PRE SHAVE OIL
NEW YORK SHAVING
Traditional Gentleman's
SHAVING SOAP IN WOODEN BOWL
Tonsorial
FOR SENSITIVE SKIN
NET WT 4 OZ (113g)
SHAVING SOAP
REFILL
Unscented
SHAVING CREAM
Tonsorial
SHAVING CREAM
Elizabeth Street
AFTER SHAVE BALM
ORIGINAL
Unscented

data
952 Flushing Ave.
Brooklyn, NY 11206
Tel.917-586-7710
Wed:12AM-8PM
Thu:12AM-8PM
Fri:12AM-8PM
Sat:12AM-6PM
Sun-Tue:Closed
http://thesteppingrazor.tumblr.com

barber 4

Stepping Razor Barbershop

ステッピン・レイザー・バーバーショップ

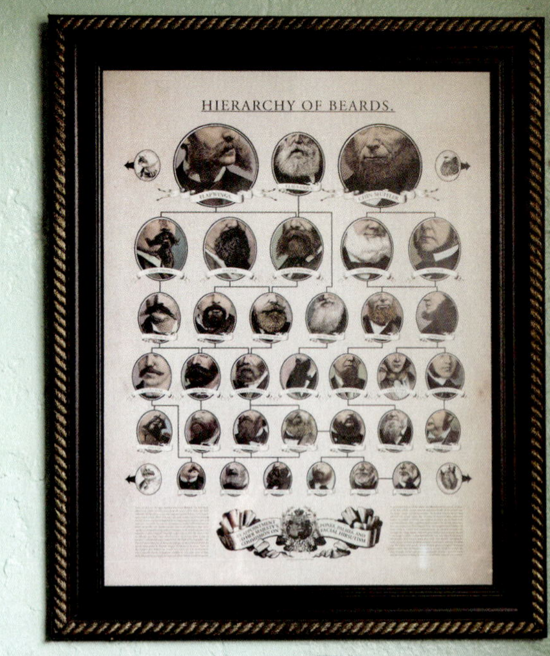
HIERARCHY OF BEARDS.

Leo Kraft
New York, NY

HEAVYWEIGHT CHAMPIONSHIP
OF THE CHAMPIONS
MARCH
8

"Wall of Death"
– June 30, to July 10, 1994 –
The BROCKTON FAIR
Reckless, Fearless, Daring
HELL ON WHEELS
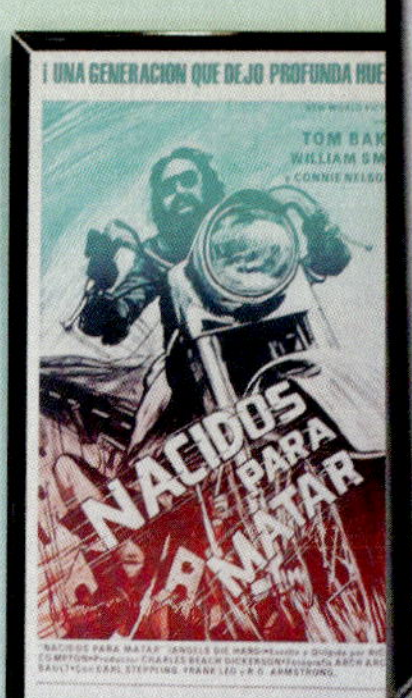
NACIDOS PARA MATAR

data
339 E. 10th Street
New York, NY 10009
Tel.212-228-2123
Barber shop
Mon-Sat:12AM-9PM
Sun:12AM-6PM
Lounge
Mon-Sat:6PM-4AM
Sun:Closed
https://www.blindbarber.com

barber 5

Blind Barber

ブラインド・バーバー

2010年にマンハッタン店をオープン、続いてLA店・ブルックリン店を展開する。ヘアカットは統一して$40_、シェービングはカクテル付きで$30_(ビール、ワインも可)という不思議議なメニュー。それもそのはず、店内奥には本格的なバー・ラウンジがあるのだ。

EXIT
EXIT

こちらもMayron's Goodsのプロダクツ。まるで、ミルスペックを意識したかのようなシンプルで男らしいなプレゼンテーションを展開する。ケミカルを使わないオーガニックメイドを掲げている

Mayron's Goodsは日焼け止めや、やけど治し用のクリームなど、肌のお手入れ全般をカバー。オーナーはなんとTVディレクター！アクターでテストをするそうだ。http://www.mayronsgoods.com

すべてブルックリンで作られるメンズグルーミングといえば、BROOKLYN GROOMING。パッケージデザインをはじめ、アートワークもオーナーが手掛ける。http://www.brooklyngrooming.com

イタリア生まれのPRORASOは1940年代に誕生した老舗ブランド。世界各地のバーバーで愛用されるプロユースのプロダクツだ。http://www.proraso.com

WEST THIRD BRANDは香水やトニックを展開するシアトルのブランド。こちらのトニックはすべてアメリカ製だ。http://www.westthirdbrand.com

C.O.BIGELOWはアメリカでもっとも歴史のあるアポセカリーで、1838年にスタート。日本でも「ビゲロー」の知名度は高い。歯ブラシは天然の毛を使い、パッケージもクラシック

ニューヨークに3軒、サンフランシスコに2軒を展開する人気のバーバーショップ、FELLOW BARBERのオリジナル。シェービング関連や整髪料など多彩。www.fellowbarber.com

世界的な知名度を持つイタリア生まれの歯磨き粉ブランドMARVIS。現在は7種類のフレーバーを展開する。パッケージデザインも秀逸だが、宣伝広告も前衛的なものが多いことで有名。http://www.marvismint.com

HUDSON MADEはニューヨーク拠点のメンズグルーミングブランド。メインは石鹸で、こちらはシェービング用固形石鹸とプレシェーブオイル。http://hudsonmadeny.com

APOTHECARY 87はイギリス生まれのヒゲ用オイル。パッケージにはオーナーの友人たちが登場する。他にも整髪料などを男性用に特化した展開。http://www.apothecary87.co.uk

das boom. INDUSTRIESはユニークなプロダクツを展開する。なんとこれ、石鹸入りのスポンジで、お湯に濡らせばそのまま泡立つのだ。通常3週間は保つ。http://dasboomind.com

YOU LOOK STYLISH

cool guys at Inspiration NY

Photo by Lisa Kato 加藤里紗

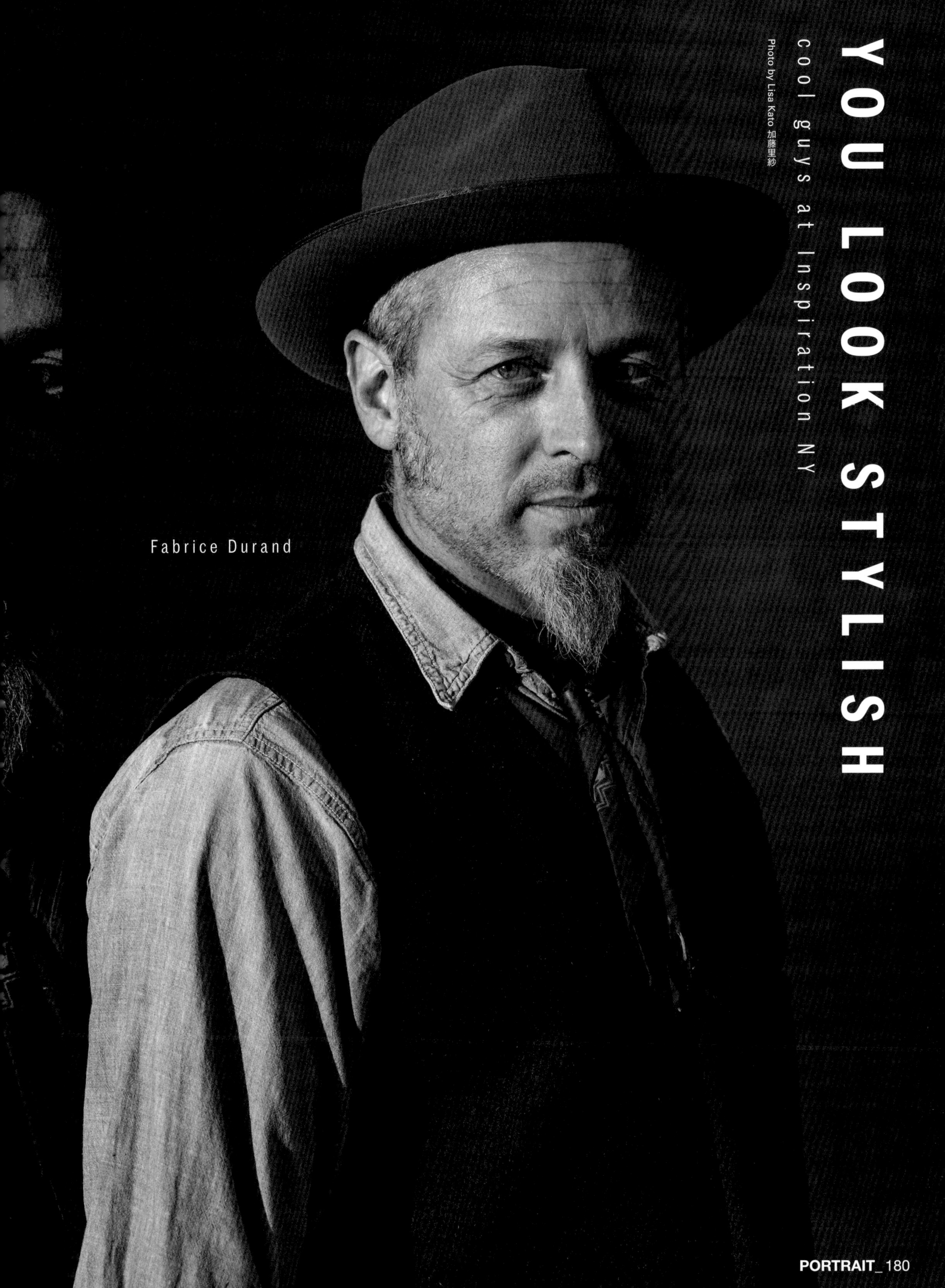

Fabrice Durand

Max
Poglia
Ascari
BICYCLES
Helio Ascari
Brian
M. Davis
Ouigi
Theodore

Logan Ahl

Dominic Sondag

Dylaw Sadler

Right: Cole
Left: Brandon

Greg Chapman
Ben Heymann
Walker MacWilliam
Brian Blakely

ニュージャージー州はワイルドウッドのビーチサイドに年に1回だけ、オールドモーターの轟音が響き渡る。今年で3回目となるレースイベント「レース・オブ・ジェントルメン」は、他のいわゆる草レースとは勝手が違う。排気量や車格といった細かいレギュレーションは存在せず、戦前のホットロッドやモーターサイクルだけが参加できるというシンプルなルール。全米から'20〜'30年代のマシンが集まり、シグナル・ガールのスタートサインでサイド・バイ・サイドのドラッグレースが展開される。主催するオイラーズも1940年代から存在する歴史あるカークラブ。そんな昔ながらのスタイルを現代で楽しもうという人たちが自慢のオールドマシンをビーチに持ち込む。それは単なるお祭りではなく、アメリカのモーターカルチャーの起源や当時の熱気を現代にも伝えてくれるイベントである。そんな数々のシーンを写真家鈴木嘉樹が切り取った。

DAYS

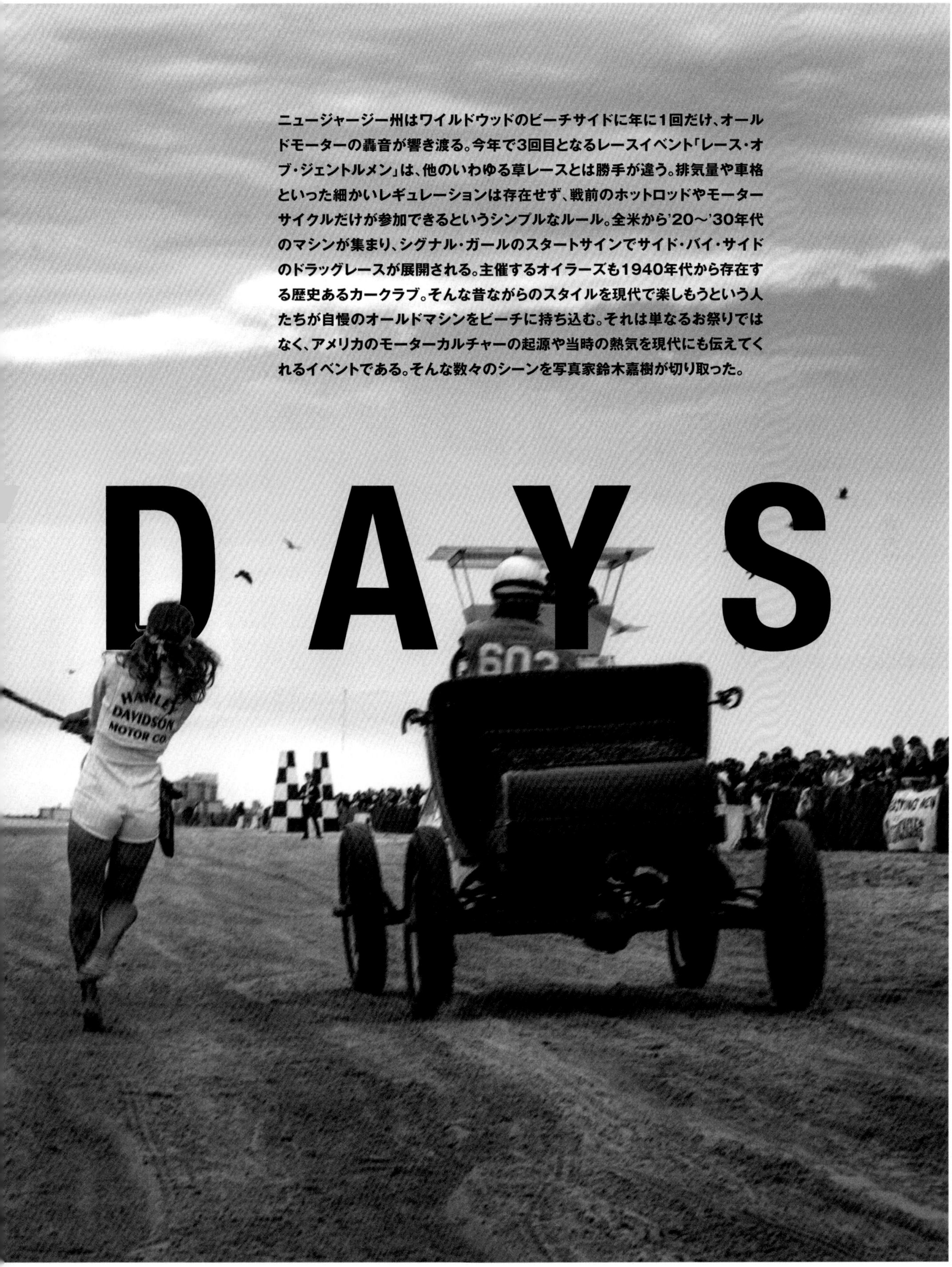

3rd Annual
The Race of Gentlemen

The Race of Gentlemen is an annual race held along the beaches of Wildwood, New Jersey. This year marks the third annual race, and what makes this race so different from other races is that there are no regulations for the type of cars that can compete. A wide range of cars, including pre-war hot rods and vehicles from the 1920's to the 1930's, gather at the track for an old fashion drag race. The race is hosted by Oilers Car Club, which was established in 1947. The event brings together proud car and motorcycle owners and pays homage to classic American car cultures. Photographer Yoshiki Suzuki was on hand to capture some shots of this iconic race.

BACK TO THE EARLY

Photo by Yoshiki Suzuki 鈴木嘉樹

BACK TO THE

EARLYDAYS

[3rd Annual]

The Race of Gentlemen

79
ONE
UPON
MD20/20
17
Indian
101
7

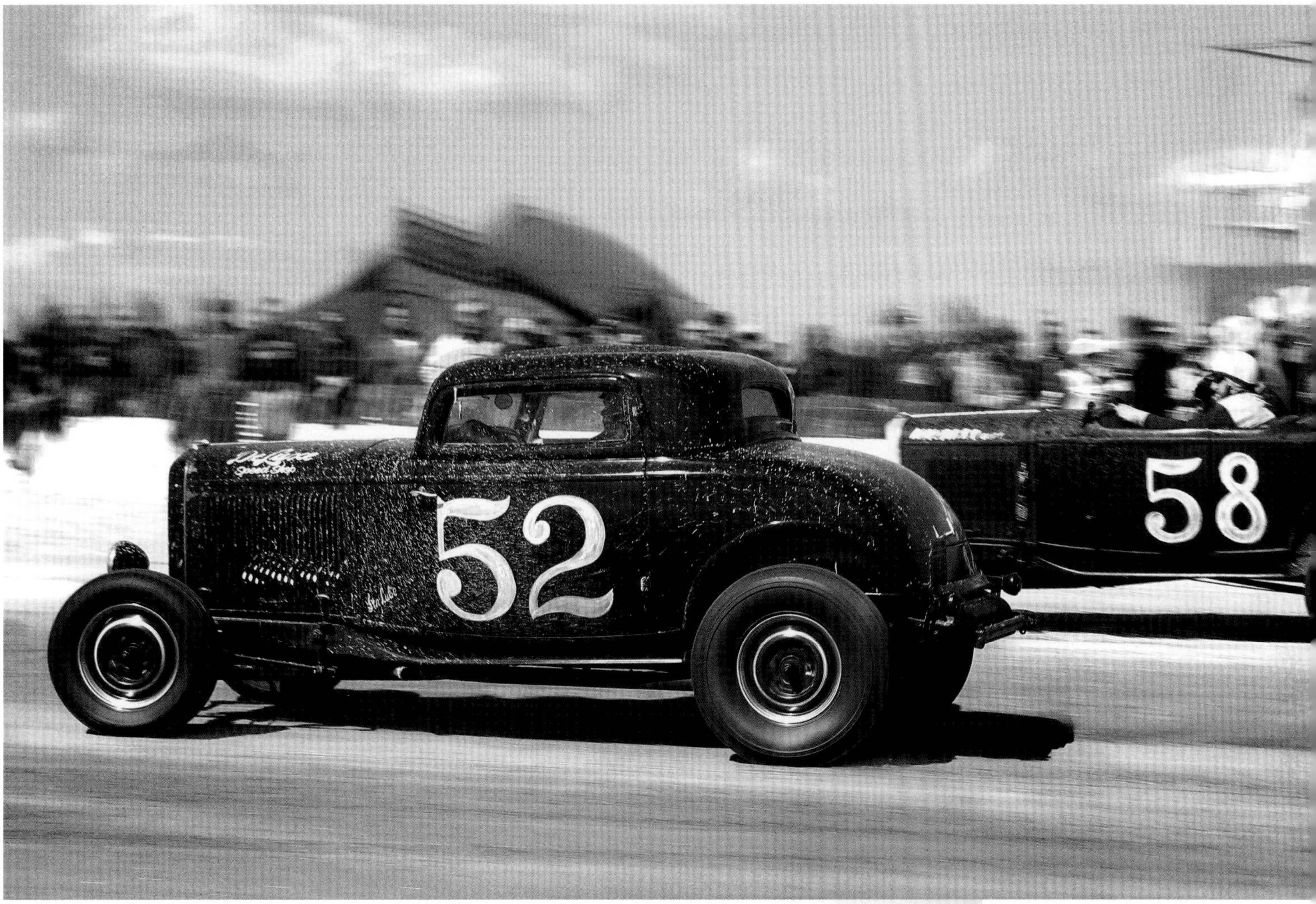

BACK TO THE

EARLYDAYS

[3rd Annual]

The Race of Gentlemen

BACK TO THE
EARLYDAYS
[3rd Annual]
The Race of Gentlemen

357
Indian
OILERS

ビーチサイドに集まるオールドカーや
モーターサイクルはすべてが
戦前のカスタムスタイル。
さらにはそれを駆るドライバー、
さらにはレースに出場しない人たちまでも
時代考証を考えた
スタイルで参加する。
先人たちが築き上げ、それが文化や
ライフスタイルへとつながってきたルーツを
再確認できるのがこのイベント。
勝敗や歓声の大きさよりも、
参加者たちがいかに
楽しむかということがこのイベントを
魅力的にしていることはいうまでもない。

BACK TO THE
EARLYDAYS
[3rd Annual]
The Race of Gentlemen

Photo/T.Tawarayama 俵山忠(Seven Bros.)

別冊 Lightning Vol.177

New York本

エイムック3950
2018年1月30日発行
発行・発売 株式会社枻(えい)出版社
〒158-0096 東京都世田谷区玉川台2-13-2
メディアプロモーショングループ(広告)
Tel.03-3708-6051
販売部 Tel.03-3708-5181
印刷 大日本印刷株式会社
※本誌掲載の写真、図版、記事等を
許可なく無断で転載・複製することを禁じます。
©EI PUBLISHING Co.Ltd. 2018

STAFF

PUBLISHER
角謙二 Kenji Sumi

PRODUCER
猪田昌明 Masaaki Inoda

EDITOR IN CHIEF
松島睦 Atsushi Matsushima

EDITORIAL STAFF
小池彰吾 Shogo Koike
三浦正行 Tadayuki Miura

ART DIRECTOR
三本昌樹 Masaki Mitsumoto
PEACS inc.

DESIGNERS
渡邉啓太 Keita Watanabe
後藤絢香 Ayaka Goto
安部絵莉奈 Erina Abe
工藤月華 Tsukika Kudo
PEACS inc.

DTP SECTION
星由紀子 Yukiko Hoshi
PEACS inc.

SELLING DIVISION
三浦淳 Atsushi Miura
手塚治郎 Jiro Tezuka
近田耕太郎 Kotaro Chikada
森田祐介 Yusuke Morita